引领成长的必读故事丛书

鲜为人知的中外风俗

本书编写组◎编

XIANWEI RENZHI DE ZHONGWAI FENGSU

世界图书出版公司
广州 · 北京 · 上海 · 西安

图书在版编目（CIP）数据

鲜为人知的中外风俗 /《鲜为人知的中外风俗》编写组编著. —广州：广东世界图书出版公司，2009. 12 （2024.2 重印）
ISBN 978－7－5100－1591－5

Ⅰ. ①鲜… Ⅱ. ①鲜… Ⅲ. ①风俗习惯－世界－青少年读物 Ⅳ. ①K891－49

中国版本图书馆 CIP 数据核字（2009）第 237638 号

书　　名	鲜为人知的中外风俗 XIANWEIRENZHI DE ZHONGWAI FENGSU
编　　者	《鲜为人知的中外风俗》编写组
责任编辑	刘国栋
装帧设计	三棵树设计工作组
出版发行	世界图书出版有限公司　世界图书出版广东有限公司
地　　址	广州市海珠区新港西路大江冲 25 号
邮　　编	510300
电　　话	020-84452179
网　　址	http://www.gdst.com.cn
邮　　箱	wpc_gdst@163.com
经　　销	新华书店
印　　刷	唐山富达印务有限公司
开　　本	787mm×1092mm　1/16
印　　张	10
字　　数	120 千字
版　　次	2009 年 12 月第 1 版　2024 年 2 月第 13 次印刷
国际书号	ISBN　978-7-5100-1591-5
定　　价	48.00 元

前　言

大千世界，无奇不有，全球两千多个民族，都各自有着自己独特的生活方式。绚丽多彩的民俗文化，构成了迷人的美妙生活，其中无数的奇风异俗，出乎人们的想象，使人惊叹，令人向往。

俗话说“入境问俗，入国问禁”，友谊的基础是相互的理解，而不同文化体系的民族习俗，往往存在着极其巨大的差异。在我们认为习以为常的事，有的民族可能成为禁忌；而我们心目中的“陋俗”在当地人看来则是天经地义。任何民族，之所以能冲破历史的狂风暴雨而延续至今，总有他们自己的长处。世界各族人民都给世界文化宝库增添了新的东西。我们要创造人类文明社会，就要学习和继承世界上一切优秀的文化遗产，尊重各国人民的智慧创造。

尊重各族人民的风俗习惯，实际上就是尊重各国人民。为了使广大读者更全面地了解世界各地的民俗文化，我们编写了这本《鲜为人知的中外风俗》。通过本书，读者可以看到从古至今各个历史阶段中人们的各种生活方式。

在本书编写过程中广泛利用了已经出版的中外书刊中的大量资料，对这些可敬的作者、译者和编者们，在此谨表示由衷的感谢。书中许多生动有趣的民俗资料具有很大的欣赏价值和科学价值，但也可能有一些传闻失实之处，对此我们根据有关工具书和自己的理解，尽可能的做了一些修正。由于条件的限制以及各方面的原因，本书或有一些疏漏，恳请广大读者批评指正。

目录

风土人情

婚丧嫁娶

节日庆典

社会文化

习俗禁忌

衣食住行

风土人情

非洲人讲究发型的习俗

踏上非洲大地，你会对当地人民那别出心裁、情趣迥异的发型发式惊叹不止。非洲人的发型别具特色，非常讲究。各种发型的名称也是五花八门，像什么螺丝型、鱼鳞型、谷穗型、贝壳型，还有什么羊肚子式、粗棍子式、小枕头式，等等。仅从这些奇奇怪怪的名称上，你就可以了解非洲人发型之多、发式之繁了。

发型是非洲人头顶上的风景

其实，非洲人的发型不仅是为了美观，还有许多具体含义在内。

发型可以反映身份与地位。在非洲中部的粘粘部落，一旦有亲人逝世，人们就剪去头发，表示对亲人的哀悼。而在其他一些地区，光头是寡妇的表征。在塞内加尔、贝宁等国，有些男人把大部分头发剃光，仅在左耳上留下一小撮头发，这是地位低下的奴仆记号。尼日尔的小孩，扎一根小辫表示失去父亲，扎两根表示失去母亲，扎三根表示父母双亡。另外，刚果的姑娘如把额前到后脑勺的头发剪掉，再把左耳到右耳的头发剪成一道道细沟，扎成许多辫子，意味着她已有意中人，即将成婚。纳米比亚的赫勒罗妇女在生了第一个孩子后就把一个缀有铁珠的头饰编在头发中，表示已喜得贵子。有了这些记号，在人际交往中，就不易闹笑话了。

非洲人奇特的发型

发型还可以象征勇气和力量。几内亚的科尼阿基族男子把头上周围头发剃光，当中头发束成鸡冠状，高高耸起。当地人认为雄鸡是一种勇敢且具有各种美德的动物，这种发型是力量与美的象征。

发型还可以反映一个人的志趣与情操。如梳“打妻棒发”表示妻子对丈夫的忠贞，梳“大头额发”表示对长辈的孝敬。有的新郎在光头上留下三道发，意思是：生活靠理智，别感情用事，要对有钱有势、朝三暮四的人敬而远之。而西非多贡族男子希望由八个氏族发展起来的民族团结、兴旺、发达，就把头发梳成八十条小辫子。

非洲人的发型又有特殊的实用价值。撒哈拉地区的人民整日披头散发，遮住面孔，以此减少风沙的侵袭与沙漠中强烈紫外线的灼伤。乌干达男子把头发梳成伞状，平铺在额前，也同样是为了防止阳光的直接照射。非洲人民非常重视发型。在那儿，理发师受人尊敬，梳头摊鳞次栉比。

西班牙人喜爱观赏斗牛的习俗

位于欧洲西南部伊比利亚半岛上的西班牙以旅游事业发达著称，每年接待来自世界各地的游客达3600万。任何一个去过西班牙的旅游者，如果连一次斗牛都没有看过的话，就会被认为白跑了一趟。因为斗牛不仅是该国最富有民族特色的竞技活动，而且那里精湛的斗牛技艺，令观众终生难忘。

西班牙斗牛

在西班牙，斗牛起源于古老的宗教活动。当时人们将牛杀死作为奉献给神的祭品，要想活宰体健力大且性情凶猛的公牛并非易事，所以能完成这一壮举的人理所当然地被视为勇士。后来，这种杀牛祭神的仪式逐渐由单纯的宗教活动向着人与牛的搏斗表演转变，并从中世纪末期开始，最终形成一种民族性的竞技活动。到18世纪中叶，正式的斗牛场已遍布西班牙各地，每年春秋两季的斗牛表演一直持续到今天。

在西班牙人心目中，斗牛是勇士们在力量与智慧上与野兽的一场生死搏斗。斗牛在一个圆形的露天建筑里举行，有一定的程序。斗牛的场地上铺满沙子，直径为80米，四周有绿色挡板供斗牛士在遇到危险时掩蔽身体用。挡板后面是2米高的坡形阶梯看台。

斗牛表演一般都在傍晚进行，在举行过隆重的斗牛士入场仪式后，第一道程序就是一头全身乌黑发亮、长着犀利双角的野牛被押进场地，它的重量通常总在500千克以上。七八个身穿金色紧身服的斗牛士分散站立在野牛的周围，想方设法地挑逗和摆布它，在摸索对方习性和动作习惯的过程中，向观众们显示自己的技巧。

骑士斗牛是这场特殊战斗的第二阶段，身穿银色戎装的两名骑士各跨一匹套上铠甲的骏马跃入场内，在牛撞马翻的一瞬之间，迅即把手中的长矛戳进坚硬的牛背。接着是镖师斗牛，两名身穿银衣的镖师既不披甲也不跨马，徒步走进场中，按规定的地点和顺序准确无误地将六只梭镖命中野牛背的同一点上。

镖师斗牛结束后，真正的斗牛士斗牛开始了。单身一人的斗牛士身穿金色绣服，和庞大的野牛相比，有如轻盈的芭蕾舞演员。他的绝招在于利用牛眼对动体的敏感和对静止物的反应迟钝，不断掀动红色的披肩引诱野牛作无谓的猛扑猛撞，最后，野牛的蛮力终于耗尽，斗牛士则寻找最佳机会，将利剑插入野牛的心脏，一剑致命。

在山呼海啸般的欢呼声中，胜利的斗牛士将得到当场割下来的牛耳作为纪念，然而，他也完全有可能在胜利在望的霎时被牛角刺穿胸膛。或许正因为如此，才使得刀光血影的西班牙斗牛闻名世界。

尼泊尔人的风俗

在尼泊尔，全国居民85%信奉印度教，13%信奉佛教，因此在这里寺庙随处可见。在加德满都谷地，印度教寺院和佛教庙宇比肩林立。在佛寺里可以看到印度教神祇，在印度教庙旁，则可以看到佛像，两种教的教徒互相尊重，甚至参加彼此的宗教仪式和庆祝活动。这里的寺庙多于住宅，佛像多于居民，仅加德满都谷地，就有大小寺庙2500多座。

在尼泊尔的山谷里，有许多普通的蛇，尼泊尔人把遇见蛇看作是不祥之兆。因此，在加德满都的许多庙宇内有蛇的塑像，凡遇见过蛇的人要向蛇的塑像跪拜。

尼泊尔乡村儿童

尼泊尔不仅是个“寺庙之国”，而且祭典和农耕总是在交互循环进行着。一年中有各种各样的祭典和仪式；但是每年雨季之初，割麦和插秧完成之前，为了不误农时，农村里几乎不举行任何祭典。而在这之后，有较多的空闲时间，举行各种各样的祭典。这些祭典实际上也有欢庆、娱乐的意义。

八九月份插秧之后，各种祭典就相继举行。在各种祭典中，最引人瞩目的是以水牛来奉神的“泰布”祭典。这是村民们祈福的祭典。典礼之后，为农闲期。每当“泰布”祭典时，村民们集中在村中的所谓“圣地”上。一开始，由上层阶级的长者以花生米、青菜和酒供奉“泰布神”，然后由村中的六位长者主持喷牛血的仪式。他们先将牛绑在神像之前，让牛躺下来，将水牛脖子上的动脉割断，血水喷洒在神像身上。祭典后举行宴会，以阶级地位的高低及长幼的顺序排定座次。

在尼泊尔农村，从出生到死亡，各种仪式相继不断。小孩出生后第六天剪断脐带。村民们认为，新生的小孩及其母亲都很脏，因此第十天要举行“清洁仪式”，并由其父亲给孩子剃去头发。男孩在三岁到七岁间，要剃发并举行穿耳洞的仪式。十五岁时行“挂衣之礼”，即由僧侣剃发，表

休闲的尼泊尔老人

示他已经成年。从此，他可以参加各种正式的宴会。尼泊尔的每一个男子上学前必须出家为僧一段时期，当离开寺院时，还要举行还俗仪式。

尼泊尔有一种“圣女”，又名“活神仙”。她是一个八九岁的女孩子，她是从许多小女孩中挑选出来的，生辰八字要符合各种规定。在她被挑选为“圣女”后，要远离家人，被关进一间漆黑无光的屋内，接受各种考验。如独自一人不怕黑、不乱哭、不乱叫……这种“考试”合格后，再把她安放到一座庙宇的楼上，房间的四面漆黑一团，中间有一个天井，她不得下楼，起居饮食由专人侍候，并由专人教读、习字，授以各种礼仪。每逢节日，她走到特定的窗口，接受人们的跪拜，其中包括国王和王后的跪拜。在“圣女”到达婚嫁的年龄时，她可以恢复平民的身份，由其父母代择婚配。再另选圣女。

尼泊尔人认为，人生下来都是脏的，随着岁月的增长而逐渐“圣化”。到七十七岁七个月零七天时，要举行一种所谓“老年仪式”。举行过这种仪式的老年人，被称为“活神仙”。这种已经“成仙”的老人，每当村子里举行盛大的祭典时，可以担任主祭的角色。

尼泊尔人认为，一个人的死亡并

耸立在尼泊尔市区的佛像

非圣化，死亡是一种恶灵，是肮脏的。因此，死亡之后，亲人所举行的种种仪式要避开那些污秽。举行仪式时，将遗体放在担架上，亲朋好友、村子里的人跟随在后，由吹着笛子、打着大鼓的人开路，人们缓缓地向火葬场走去，送葬的行列不能走人们平时走过的道路，因此得爬坡涉水，开辟新路。火葬场在河边，在悲泣声和僧侣的诵经声中，超度死者到西方极乐世界。这里，有火葬、鸟葬、土葬、水葬四种。但通常只有患传染病或暴病死的人以及身份“卑微”的人才土葬或水葬。一般人采用火葬。而鸟葬则先将尸体解剖，放在高处让鸟兽来啄食，并请僧侣予以念经超度。这在靠近我国西藏的一些地方比较流行。

这个神秘的山国，人口不多，风俗习惯丰富多彩，种族也十分繁多。其中廓尔喀人大约有四五十万人，内部又分为婆罗门、泰戈尔、卡斯三种姓。泰戈尔是王室的后裔，人数不多。在加德满都街头，可看到一些体格魁伟的廓尔喀族男子，腰佩弯形短刀，颇有古代武士遗风。廓尔喀人，每当成年时，家长就赐给他一把腰刀，表示已长大成人可以自立了。廓尔喀妇女喜欢戴金质耳环、手镯、脚镯、鼻圈等首饰。无论男女都喜欢花，男人在身上、帽子上常戴一朵小花，妇女则戴在头上，在节日时还互赠鲜花。

尼泊尔人的姓名一般分为三部分：多以神名为本名；中间是表示本人的爱好或理想；最后为姓，姓氏多半有各种含义，有的表示祖先的职业，有的则表示民族和种姓。

尼泊尔风行大家庭式的生活，一个屋顶下同时要住三辈或四辈人。一个家庭，像是一株枝叶繁茂的大树，又像尼泊尔那些古老城市迷宫似的无数弯曲小巷，这个神秘的山国，正在越来越多地吸引着世界各国的游客。

也门人的礼节

也门人相见，就是素不相识的，都要主动握手问好，并道“赛来姆”(问安的意思)。要是亲戚朋友相见，问好的方式更加隆重，首先伸出各自的右手与对方紧握，同时亲吻对方的手臂，反复几次；如果在人多的情况下，跟人握一次手，就吻一下自己的手，然后再与第二人握手，直至跟所有的人握手寒暄完毕；如果亲朋好友久别重逢，见面时，则互相拥吻，用自己的嘴亲吻对方的嘴或面颊。妇女相见，也是如此。如果是晚辈拜见长辈，或出远门与长辈告辞，就用双手拥抱长辈，并用嘴吻长辈的脸，然后跪下，亲吻长辈的大腿、小腿甚至脚背，以此表示对长辈的尊敬和请求长辈的吉祥祝福。这种吻脚的风俗习惯，在城市不多见了，但在农村还较普遍。游牧部落的阿拉伯人相见，还习惯于用额头和鼻子与对方相碰行礼，这是一种古老的风俗习惯，表示久别重逢时的欢乐。

漂亮的也门服饰

宁静朴实的也门城市

也门人以好客著称，如果你去也门朋友家作客，一定会受到非常隆重和热情的款待，当你到达主人家门口时，主人的一家从长辈到幼辈都会热情地跟客人一一握手问好。之后，家长就会把你引进富有伊斯兰民族特色铺着地毯的客厅，席地就坐，墙边立着靠背，两边放有靠枕，手肘支在上面很舒适。接着主人就用各种各样的富有民族特点的糖果、糕点、水果、咖啡、牛奶、饮料及其他特产招待客人。席间，主人对客人讲很多热情友好的话语，再三地感谢客人的登门拜访。最隆重的接待方式，要算是熏香、喷香水了。主人把一种从印度进口的檀香木点燃后，放在铜或镀金的香笼里，熏陶客人。熏的过程是这样：首先主人请客人站起来，解开外衣下面的几个钮扣，撩起衣服的下摆，把香笼放在腹部，在衣摆下面用嘴吹几下，檀香的烟就熏进了客人的整个内衣和外衣，意思是让客人一直闻着这扑鼻的香味，就永远记住主人的热情好客，好常来光临。再过几分钟，或在客人向主人辞行之前，主人又会拿出从伦敦、巴黎进口的香水，喷洒客人的脖子、前颈、后颈直至前胸，最后还用名贵的花露香水喷洒一遍，使人感觉清凉爽快，使拜访的客人陶醉在馨香扑鼻的友谊气氛之中。最后，主人还会用香水喷洒客人的手掌，这时客人用双手抹一下自己的脸，那主人就会感到莫大的荣幸和欢乐，使整个隆重的款待达到高潮，客人的嘴里不断地念道：“谢勒夫土姆尼”，意思说：“使我感到荣幸。”

鼓在非洲

鼓，在非洲社会生活中，占有重要地位。鼓的运用非常广泛，几乎无处不听到鼓声。在鼓声中，人们降生；在鼓声中，人们成长、结婚、死亡。喜迎贵宾，群鼓齐击；婚寿喜庆，闹鼓助兴；死亡报丧，单鼓慢打；遇有敌情，战鼓哆哆……鼓声，时而骤如暴雨，时而又柔似清风；鼓声，敲打心扉，令人精神振奋，给人以进取不懈的力量；鼓声，牵魂动魄，无论走到哪里，只要一听到鼓声，人们就情不自禁地扭腿摇臂，翩

非洲鼓

的，鳄鱼皮的……不一而足。尽管千差万别，然而，大体上可以分为三类，即音乐鼓、信号鼓和战鼓。

鼓是非洲传统音乐之魂。它那丰富的音乐语言，构成了节奏鲜明、奔放粗犷的非洲音乐的一大特色。著名的非洲舞蹈和许多民歌民乐，就是凭借着变幻莫测的鼓点，来表达非洲人民悲欢离合和喜怒哀乐的丰富感情。许多非洲国家往往有十几个、几十个，甚至上百个部族，各部族人民都能歌善舞，歌唱的曲调大多激昂慷慨，舞蹈的节奏大多粗犷豪迈，用激越昂扬的鼓点为歌舞伴奏，显得十分和谐。每逢传统节日，公众集会，男女举行婚礼，孩子出生和命名，在集体歌舞的欢乐场面中，总少不了以鼓为主乐器作欢快的合奏。就是平时，烈日西下，皓月初升，人们也经常聚集在茅屋前的空地上，踏着欢快的鼓翩起舞……鼓的影响涉及非洲人生活的许多领域，在西非洲，每个初生的孩子都有一个鼓名，诸如“震天响”，“鸟儿飞过心亦寒”等等。

在非洲，鼓的类型、名目繁多，据说有几千种之多，既有微型小鼓又有直径1.5米以上的大鼓。大如水缸粮瓮，小若茶杯酒盏。有单面的，有双面的，有一面大一面小的，有陀螺形的，圆锥形的，柱台形的，正方形的，各种野兽形状的。有腋鼓，有挎鼓，有立鼓，有夹在两腿间敲打的鼓，有用整段树干雕凿出来的巨大的木槽鼓。鼓面，有蒙牛皮的，羚羊皮的，豹皮的，斑马皮的，四脚蛇皮

在表演手鼓的非洲黑人

点，载歌载舞，消除一天的劳累，忘却日间的忧烦，然后轻松地进入梦乡。

非洲鼓是传递消息的重要“语言工具”。人们通过高低不同的音响和急缓有别的节奏所组成的不同鼓点，来传递各种消息。在早晨和傍晚，鼓声可声震十五千米以外，如果放在河上，可传得更远。不少非洲国家都用这种多变的鼓点形成的特殊“信号语言”来进行联络。每当村里有修桥、筑路等公益劳动，村长就命人击鼓，鼓声发出“萨加拉，阿加拉米迪”的声响，意思是说：“我不希望任何人睡大觉。”听到这种鼓声，村里的人就携锹扛镐来到工地。遇到猛兽侵袭、敌人来犯等重大险情，就用鼓反复发出“关加，姆吉”的声音，意即“大家快来！”于是，成年的男子就手持长矛和盾牌，赶到指定的地点，做好应战的准备。有时，这种鼓声以接力的方式从一个村子传到另一个村子，使周围几十里甚至更远地方的人们都警觉起来。

在东非大湖地区的一些部族，甚至每一家都有自己的鼓，以便同家人或邻人联系。一个猎人打猎完毕，晚上回家，如果他的妻子捕鱼未归，他就用他家特有的鼓声召唤她回来，最后的几下鼓点代表他的“亲自签名”。有时发生火灾，就用鼓声来报警。鼓手首先敲一阵低沉的信号，继而使音程跃入激烈的五度音或八度音，等到火势扑灭以后，鼓声就转为轻松欢畅的音调。

鼓还有一种崇高的政治职能，那就是用作国家和民族的象征。非洲的一些古老王国，都有自己独特的鼓号。原乌干达境内的布干达王国，王室所拥有的一套鼓大大小小有一千多个，各有不同的名称和音色。鼓上饰有色彩斑烂的串珠或贝壳。这种鼓，只有王室的婚丧嫁娶、新王登基、对外族宣战等隆重场合才用。久而久之，它们便成为王国和民族尊严的象征。为国王敲鼓要特别细心，选择的声音是表示国王何等伟大。当国王死去时，他所有的鼓都底朝天，让发出的声音不要使死者安静的灵魂受到干扰。今天布干达王国已不复存在，然而，在乌干达的国徽中间还有一面鼓，正是几百年来这种古老传统的反映。有些非洲部族还把本部族最古老的鼓奉若至宝，代代相传，日夜派人守卫，在存放鼓的房中昼夜点燃着熊熊烈火，象征着鼓的永生、部族的永存。保卫这些鼓和敲鼓的人，也享有特殊的地位和特权。

印第安妇女的习俗

在浩瀚无垠的亚马孙河流域，迄

今仍然居住着上百万的印第安人。其中，相当一部分印第安人还过着刀耕火种的原始部落生活，保留着许多奇特、令人难以置信的习俗。

印第安妇女的童年时代和男孩一样自由，快乐。她们断奶后就不愿意呆在母亲身边了，和男孩一起爬树杆、追小鸟、抓蜥蜴、捉小鱼，甚至捕蛇玩。稍长大一点便开始去附近的河边和茂密的森林里探险，从小就培养了勇敢、沉着、质朴的特有气质。

身着传统服装的印第安妇女

然而，由于印第安人的传统分工是男人狩猎，女人垦田、种地，做家务。女孩到了七八岁的光景就不再和男孩在一起玩了，便开始和男孩在劳动上有所分工。男孩常常和父亲一起出外狩猎，逐步弄懂和掌握独立谋生的本领，女孩则开始和母亲一道下地，向母亲学习做家务，捡柴、提水，煮饭、烤肉、熏鱼……

从小女孩变成被大家公认的大姑娘，是要经受一番考验的。有些部落甚至有这样的规矩：少女初潮时，得避入专门为姑娘们准备的“初潮小屋”里，在那里独自一人居住十五天之久，在此期间不得与他人接触、说话，而且饮食等还要受到限制。等这种所谓的“成人仪式”结束之后，就被认为是大姑娘了。

在亚马孙河流域的大多数原始部落中，一般认为十二三岁是姑娘的结婚妙龄，未婚少女一般不得超过十三四岁。

也许是由于该区域气候炎热或没有棉布的缘故，差不多所有部族的印第安人都赤身裸体不穿衣服。男人通常只在腰间系一根细带子，在细带前面缀一块遮羞布；女人往往浑身上下只穿一件拦腰超短布裙或小围裙，甚至一丝不挂。尽管如此，姑娘们还是特别喜欢打扮。她们为了能戴上漂亮的耳坏，从小就愿意忍受在耳朵上穿洞的伤痛。一般来说，爱好装饰的姑娘们的耳、颈和手腕上都戴有精制、美观的饰物。在一个叫亚诺马米的部族，未婚少女们常用一种从树上采取来的红、黑两色染料，在脸上和全身都涂上鲜明的图案，其貌恰似身上长有美丽斑纹的美洲豹。她们在两颊和下巴上都插有牙签般的细木棍，两个耳朵除戴上好看的耳环外，还插上几朵芳香扑鼻的野花。自然，她们都认为这身打扮是最漂亮不过的了。

有的部落，把鼻子作为衡量美丽与丑陋的重要标志。一个姑娘，如果长一个扁小而稍稍翘起的鼻子，是最讨人喜欢的，定能赢得很多小伙子的爱慕之情；反过来，姑娘如果长着一个高大的鼻子，连出家门都感到害羞、无地自容。

在很多部落里，男女关系大多非常自由。在整个部落很难找到仅结过一次婚的妇女或男人。只要男女在一起度过一个夜晚，男女婚姻关系便告成立。夫妻离婚也是非常容易的事，只要彼此感到厌恶，已不再情投意合了，就可以分道扬镳，另寻新欢。

同样也是在亚诺马米部族，妇女怀孕简直被视为“罪过”。丈夫一得知自己的妻子有身孕，当即远离她去，决不允许对她表示任何形式的亲热；孕妇则再也不能修饰、打扮自己了，她必须摘除掉耳坠、项链等一切饰物。此外不准吃大鱼，也不准窥探男人们乘船下河捕鱼。因为传说孕妇吃了大鱼，就等于触犯了大鱼之神灵，神灵就要抢走婴儿并杀死母亲，而后者就要冒犯水神，将船掀翻。

分娩时，孕妇必须远离部落，到大森林中去寻找一块空地，做好分娩准备。婴儿一旦降生，产妇则自己用木头片割断脐带，先用树叶把婴儿浑身上下擦一遍，然后在附近的小溪流中用清水冲洗干净。她们根本不需要什么助产士或接生员的帮助，更没有坐月子这一说。这一切停当之后，产妇就立即把婴儿抱在怀中，高兴地跑回部落，自豪地向丈夫和他人讲述婴儿降生的情况。整个部落为又增添了一个新成员而欢聚一堂，并举行仪式隆重庆祝。

爱尔兰人喜爱音乐的习俗

位于欧洲大西洋边缘、与大不列颠岛隔海相望的美丽岛国爱尔兰，有一种从远古流传至今的拨弦乐器——竖琴。竖琴是爱尔兰的民族乐器，形状像一个上了弦的弓，传说它的发明是有感于箭发弓鸣。爱尔兰国徽的图案是竖琴，爱尔兰的许多重要建筑物都用竖琴浮雕作为门首装饰。美国的俚语索性把爱尔兰人称为“竖琴”。

爱尔兰人热爱音乐由来已久。历史考据证明，爱尔兰早期居民克尔特人是一个很有音乐艺术才能的民族。克尔特族的弹唱诗人使用的就是一种可以携带的竖琴。他们是古代的专业音乐诗歌艺术大师。今天，爱尔兰人民喜唱的劳动歌曲如纺织歌曲、磨谷歌曲、捕鱼歌曲，都有古老说唱的痕迹。

酷爱音乐的爱尔兰人

丰富多彩的爱尔兰音乐是在争取民族独立和发扬民族文化的斗争中发展起来的。12 世纪时，爱尔兰竖琴家精湛的演奏技巧已经著称于欧洲。17 世纪，爱尔兰人民曾经巧妙地利用竖琴进行反抗英国殖民者的斗争。18 世纪，随着爱尔兰民族解放运动、反封建运动的高涨和爱尔兰民族文化的复兴，不仅古老的竖琴比赛大会得到了恢复，而且西欧大陆音乐在爱尔兰生根、开花、结果，放出异彩，爱尔兰首都都柏林发展成为欧洲的一个重要的音乐中心。

让爱尔兰人民引以自豪的是：德国著名作曲家亨德尔呕心沥血的经典作品、取材于《圣经》故事的清唱剧《弥赛亚》是于 1742 年在都柏林初次演出、由作曲家本人亲自指挥的。1814 ~ 1816 年间，贝多芬曾改编了六十二首爱尔兰歌曲，比肖邦大三十岁的都柏林钢琴家、作曲家约翰·菲尔德创作了许多优美的小夜曲，这些小夜曲对肖邦产生了很大的影响。

旋律优美、具有浓厚生活气息和浪漫主义色彩的爱尔兰民歌、民谣蜚声世界。18 世纪都柏林诗人汤麦斯·摩尔作词的民歌《夏天的最后一朵玫瑰花》是全世界人民深为喜爱的一首歌曲。

世界上没有任何一个国家像爱尔兰那样，每年举行那么多盛况空前的音乐节。这许多国际性、民族性的音乐节简直成了爱尔兰人民生活中的大事。圣派屈克节是爱尔兰的一个宗教节日，纪念 4 世纪给爱尔兰带来拉丁文明和罗马文化的富有传奇、冒险性的“布教使徒”派屈克。每逢这个节日，除了在都柏林古老的圣派屈克大教堂举行盛大的宗教庆典以外，还在斯蒂芬斯·格陵公园里举行歌舞表演，盛装的少女在风笛的伴奏下跳起传统的土风舞，观众与表演者往往打成一片。

我国对福禄寿崇拜的民俗

“人间福禄寿，天上三吉星。”福、禄、寿三星，在我国流传年深月久，家喻户晓。千百年来，我国民间一向将福、禄、寿三星，作为交往礼仪和日常生活中幸福、吉利、长寿的象征。

五福临门

从前，在南方的墙门住房或北方的四合大院，常常可以看到屋脊或照墙上写着一个八仙桌大小的“福”字。逢年过节，家家户户也有在大门、房门上贴起四角方方的红纸，斜角写个“福”字。有的还将“福”字倒转来贴，意思是“福到了”。总之，这种贴“福”字的风俗，目的是想显示一下自己是富贵积善之家的“福门”、“福地”，会得到“福神”的庇佑，一年四季“福运亨通”，一生一世“福星高照”。

福，就是幸福，俗话称：福运、福气。古时称木星为岁星，谓其所在有福，所以又称“福星”。旧时，星相术士说：“岁星所照，能降福于民。”所谓“福”，《书·洪范》说：“五福：一曰寿、二曰富、三曰康宁、四曰修好德、五曰考终命。”这就是民间常说的“五福骈臻”、“五福临门”。

我国民间流传着“天官赐福”的神话。传说从前有个叫陈子祷的人，长得温文尔雅、俊美绝伦，和龙王的三公主一见钟情，结为夫妇。后来分别在二月十五日、七月十五日和十月十五日，生了天官、地官、水官三兄弟。这三兄弟神通广大、法力无边，得到当朝太师的赞许。后来，封建统治者还把天官敕封为“紫薇大帝”，掌管“赐福”；地官封为“青灵大帝”，掌管“赦罪”；水官封为“赐谷大帝”，掌管“解厄”。这就是全国各地“三官庙”里的上元、中元、下元“三元大帝”。不单封了爵位和帝号，而且连神职、神权，也都由人间皇帝给予明确安排，难怪后来“三官庙”香火那样兴旺，因为人们认为三官大帝的所作所为一定可以尽如人意。从前民间戏班子开场戏的“天官赐福”，就是从这里脱胎过来的。

由于我国民间传统把“福星”作为吉祥之神，在日常生活中也就形

我国民间流传的福禄寿三星

成种种民间习俗。如平时一般对天庭饱满、心宽体胖的人，称为有“福相”，对儿孙满堂、无忧无愁的人，称为有“福气”；看到美好的景物，称为“一饱眼福”；品尝到味美的佳肴，称为“口福不浅”。

民间还有不少关于“福”的礼仪习俗。如封建时代妇女行礼致敬，要屈膝弯身，双手按住右腹，口称一声：“万福、万福。”送亲朋好友出远门，也要恭手相送，口称“一路福星”，也习惯称：“祝福你，一路顺风。”农村造新房，到了上梁时，也时行挂一块红布，写上“紫薇高照”（即“福星高照”）。最为隆重的要数春节的年终大典“祝福”：从腊月十五日开始，就要舂糕裹粽、杀鸡宰鹅、买鱼买肉，日夜忙着准备“福礼”。到了“祝福”吉日，凌晨就烧煮“福礼”，用两张或四张八仙桌拼拢，摆上鸡、鹅、元宝肉、猪头、鱼等“五牲福礼”，祭祀“祝福菩萨”。然后才祭祀祖先。除夕之夜，男女老幼，合家团聚，吃团圆饭，称为“散福”。

高官厚禄

禄，就是指禄位官职。《史记·天官书》记载，司禄亦为星名。从隋朝以来，历代封建统治者常常通过科举，以高官厚禄来笼络天下的读书人，为巩固他的统治而效劳。所以，这种以禄位引人，恰如以饵钓鱼，称为“禄饵”。但是，也有读书人不要当官，不要禄位的，《宋史·陈仲微传》所说：“禄饵可以钓天下之中才，而不可啖尝天下之豪杰”，就是一例。我国著名古典小说《红楼梦》也写到，当贾政要宝玉读书上进，以求取功名利禄，就遭到贾宝玉的蔑视和拒绝。他把功名利禄看成像粪土一样，并把专门投奔功名、猎取利禄的人，骂做“禄蠹”。

在封建社会里，十年寒窗，读书做官，是读书人的唯一出路。因此，过去读书人常把“金榜题名”时，作为人生四大乐事之一。影响所及形成民间对“禄星”的崇拜风俗。汉朝时，就有“文昌宫，六日祭祀司禄神”的说法。关于禄星，民间有几种说法：一说，张仙，姓张名远霄，五代眉山人，入青城山，学道升仙。一说，张仙，姓张名恶之，越巂人，晋末后秦人。另一说，张仙就是五代十国后蜀主孟昶，他原是孟知祥第三子，后来平步青云，当了皇帝。他曾为自己画了《张弓挟弹图》。后来，宋平了蜀，花蕊夫人带了此图到宋宫，将画中此人托名为张仙，说能使人有子，才奉祀他。传入民间就把他作为祈子之神。称为“张仙送子”，也就是传统戏曲中所唱的“禄星抱子下凡尘”。

寿比南山

寿，就是寿命。《史记·封禅书》司马贞《索隐》云：“寿星，盖南极老人星也。见则天下理安，故祠之，以祈福寿。”民间传说，寿星为司长寿之神，并把他画成老态龙钟的老人模样，满脸白须，持龙头拐杖，头部长而隆起。民间叫做“寿星头”。还有一则有趣的传说，说寿星怀胎九年，尚未诞生。他母亲十分着急，问他：“儿啊，你为何还不出世？”寿星在娘肚内回答：“如果家门口石狮双眼出血，我就出生。”不料，此事被隔壁屠夫知道了，就用猪血涂上石狮双眼。他母亲见了，就告诉儿子。寿星急忙从母亲腋下钻了出来。因为年份未到，他的头就变得长了。因为一般凡人都十月怀胎，传说寿星要十年怀胎。当然，这是一则解释型故事。至于“寿星”究系何人？有的说是彭祖，有的说是张搏。众说纷纭，莫衷一是。

尊老爱幼，历来是我国人民的传统美德。如逢年过节，家有老人，总要在中堂挂一幅《寿星溷》、《万寿图》或《松鹤延年图》，表示祝愿。而且还有把长寿老人，尊称为“老寿星”的风俗。我国民间对祝寿也有传统风俗，如“二十不做寿”，称为“过生日”。不过小孩子到了十岁，外婆可以给外孙做生日，称为“爱子寿”。又如“男不做十，女不做九”。因“十”与“贼”、“九”与“鸠”谐音，禁忌。四十也不做寿，因忌“四”与“死”谐音。寿辰前一天，儿女和媳妇、女婿献“寿礼”，有的献糖做的“寿桃”，有的献“长寿挂面”，有的献“寿比南山”寿幛，统称为“暖寿”。寿辰之日，寿公或寿婆，晨起梳妆后，就进行拜寿仪式，这时堂上“寿烛”高燃，上悬红底金字“寿屏”。寿公、寿婆正中而坐，儿子、儿媳、女儿、女婿，依长幼次序，一对一对跪拜。拜时口中要念：“保佑长寿、健康。”然后，全家老小吃“寿面”，还要向左邻右舍分送“寿面”。中午或晚上设“寿筵”，宴请亲朋好友。有的人家还要请戏班唱“祝寿戏”。

由上可见福、禄、寿三星，原为民间神话传说，在人民在心头一直将它作为幸福、欢乐和益寿的象征。

越南染齿的习俗

在世界上大多数国家，人们都把保持牙齿洁白整齐作为漂亮和文明的一种表现。可是，越南人并不这样认为，他们把保持白齿视为品质不良和作风不正的表现。因此，自古在越南就有染齿的风俗习惯。

许多人认为，越南人因吃槟榔造成牙齿发黑。其实不然，吃槟榔和染齿的习惯没有什么必然联系，唯有这两个风俗习惯都有使牙齿坚固的作用。

曾经以黑齿为美的越南女人

越南妇女的牙齿乌黑发亮，是使用药物所致。为了染齿，越南人还要忍受小小的疼痛。据越南人说，由于用于染齿的物质都是一些含有热力的辣质，所以导致唇、舌发肿。染齿后，必须半个月内禁食米饭和硬食，只能吃一些粥类的软食或不用咀嚼而容易吞咽的食物，如米粉之类。再者，在染齿期间，为了使药物发挥效力，也应忌嚼硬食。

为什么越南人要忍痛把洁白的牙齿染黑呢？那是受审美观点的驱使。按照越南古代风俗习惯，谁要保留白齿将被天下耻笑，如民歌说，“白齿像犬齿”，“白齿如呆齿”，都含有鄙视之意。因此，黑齿是女郎、少妇貌美的重要因素之一。俗话说：“出嫁要与丈夫旗鼓相当；用功面饰，黑齿桃颊。”人不论多么美丽漂亮，齿不乌黑发亮，姿色就会大为减低。过去，越南人无论男女，到了十六七岁都要染齿。现在，在越南染齿的习惯虽大大减弱，但在农村仍可以看到妇女保持着这一习俗。

非洲人的“顶技”

人们都知道，很多非洲妇女是用头顶水。那圆圆的大瓦水罐，装满了水，在她们头顶，既不掉下，水又洒不了，还不用双手扶罐，行走起来轻松自如。

似乎这些非洲人的头顶是坚固而灵巧的，他们的平衡技术是高超的。学生头顶书包去上学；农民头顶一捆木柴走向林边；两位工人各头顶一根电线杆的两端，边走边唱；少女头顶一个小钱包在市场漫步；后背用布兜裹着婴儿的妈妈头顶一个小小的奶瓶……他们对头上所顶之物，似乎漫

头顶小水罐的非洲儿童

不经心，双手自如垂下，或走或站，或说或笑；但是，被顶的东西绝不会掉下。

非洲地区颈椎病少见，首先归功先天身体素质。或许，头颈部自幼便开始的负重等于恰如其分的运动锻炼，因而使他们增加了抵抗这种病患的能力。

头顶荷物，确实有它的优越之处：被携带的物品放在高高的顶部，腿可以迈开，阔步前进，手可以腾出来干些别的活计。在非洲，人们常常可以见到：头顶大捆木柴的妇女，同时在怀抱婴儿喂奶；头顶小水罐的牧童，手持树枝在驱赶羊群。

一个民族生活习俗，是通过长期的生活实践而形成的，而所造就的方式，又必须适应于本民族的特征。非洲人的头发乌黑而纤细，一簇一簇非常浓密。人们抚摸一个小伙子的满头卷发，会感到犹如抚摸一块海绵垫——柔软又富有弹性。海绵垫式的结构使放在头顶的东西不至滑下，使重力得到均匀的分布，又可缓解碰撞或摩擦。因此，可以说，他们头顶的生理结构，为他们高超的“顶技”打下了生理基础，而勤劳的生活实践又自幼训练出他们这种不凡的生活本领。

夏威夷风情习俗

夏威夷群岛位于浩瀚的太平洋中部。有一百多个大小岛屿，由东南伸展到西北，恰似一艘战舰停泊在万顷碧波之中。

夏威夷是美国的第五十个州，但它具有独特的历史和传统。

美丽的夏威夷风光

美国没有经历过任何王朝，也不曾有过帝王将相。可是夏威夷在并入美国前不但有过好几个国王，而且还有国王的宫殿——依拉奥尼王宫。夏威夷是一个独立的国家。1790 年至 1810 年，夏威夷岛上的世袭首领卡曼赫梅哈统一了各岛，建立了夏威夷王国。1894 年，王朝被推翻，夏威夷成立了共和国。1898 年 8 月被美国吞并后，成了美国的一个部分。1959 年 8 月，这些群岛正式成了美国的一个州。

夏威夷并入美国后，当地的文化、传统习惯基本上保持了下来。今天，夏威夷的土著波利尼西亚人还讲自己的语言，用自己的文字，按自己的风俗习惯生活。地名、街道名和商店的名字都以夏威夷语命名。

波利尼西亚人性情豪放，衣着随便，在他们的影响下，其他美国人也不讲究衣着穿戴，男女老少时常穿着背心短裤上街、乘车、看戏等。学生们在校园里也是如此。

波利尼西亚人几百年前就时兴的花环，如今已成了所有夏威夷人表示友谊的象征，他们用它来迎送客人。花环一般用香气袭人的兰花或当地的名花串成，有的也用树叶、纸、布花取代。花环还用于许多公众场合。邀请某人作讲演或出席宴会，某人遇上喜事等，都要献花环。如果客人是男性，献花环的一般是年轻的姑娘。如果客人是女性，则由小伙子把花环套在客人的脖子上。

草裙舞是波利尼西亚人的传统文化之一。舞者穿上用树叶、青草编成的草裙，颈上戴着美丽的花环，手腕上、脚上系着小花，在有节奏的鼓声和悦耳的乐曲声中翩翩起舞，用优美的动作抒发思想感情。夏威夷一些超级市场、购物中心、饭馆等处为了招徕顾客，专门请人跳草裙舞。

跳草裙舞的姑娘大多是从小训练的，她们时常邀请观众合舞，不少游客往往穿上草裙，狂欢一场。实际上现在跳草裙舞的远不止波利尼西亚人了。当地的学校专门开设了各种训练班，教人跳草裙舞。

夏威夷妇女的衣着也与美国大陆不同。现在最时髦的是一种叫“姆姆”的连衣裙。“姆姆’长短不一，长的遮脚，短的盖膝，最早是西方教士在室内穿的宽大的连衣裙或睡衣。后来，服装设计师把“姆姆”与中国的旗袍相结合，制成了新的“姆姆”。夏威夷的妇女在各种场合都爱穿它。

由于地理位置和历史原因，夏威夷如今成了东西方各色人种的“熔炉”。正如美国人所说，夏威夷是世界人种的橱窗。

奇特的印度婚姻集市

在印度恒河流域的比哈尔邦有一种奇特的集市，成交的是青年男女的婚事。这一集市，一年一次，一次七天，在苏拉特村举行，所以集市上缔结的叫做苏拉特式的婚姻。

印度一年一度的婚姻集市

苏拉特市的婚姻集市在一座湿婆庙前面，周围有许多芒果树，它已有几百年的历史了。集市能长期存在，理由说来也很简单：印度的青年男女虽说在法律上享有婚姻自由，但事实上在广大的农村地区，父母包办的婚姻居多。父母，特别是姑娘的父母，为儿女的亲事费尽心机。女方的父母还得付出一笔可观的嫁妆费。为了少付一点，比哈尔邦甚至发生过抢青年男子来强迫成婚的事件。为找女婿而到处奔走，为少付嫁妆而反复磋商，费时费力，倒不如集中在一段时间，一个地方进行较为节省。这样婚姻集市也就应运而生了。

到苏拉特婚姻集市上来的人多是这一带一支婆罗门种姓。这个集市有个专门名称，叫做“沙巴”。到集市来的男方、女方父亲或监护人和亲戚一起各搭帐篷。未来的新郎可以随着父亲一道来，但姑娘是不会带来的。在婚姻集市上看不到一个妇女。

最忙碌的要算介绍人了。女方的父亲先找到一个介绍人，同他私下交谈，告诉他要为女儿找什么样的女婿。介绍人拥有很多男青年的材料，熟悉他们的家庭背景、教育程度、人品德行。他衡量一番，然后就把“顾客”带到男方的帐篷。这里可以“相亲”，看看未来女婿的品貌，费时间的是协商嫁妆的多少。当然在这种有点“讨价还价”味道的事情上，男方的父亲要求要高一点，女方的父亲希望能少付一些。

嫁妆制度是印度社会的一大陋习，法令禁止、舆论谴责，却总也废除不了。没有嫁妆的姑娘在男方的家庭中会受到歧视和虐待，有时造成死亡悲剧。贫寒和姑娘多的家庭，嫁妆成了家庭的一大负担。

在男方的“帐篷”里，如果协商好了，婚约就算初步成立，介绍人从男女双方各得到一份谢金。此后，双方父亲和介绍人还要结伴到“潘吉卡尔”那里去最后定夺。“潘吉卡尔”是熟悉和保有双方族谱的人，他的责任是查验血统关系，如果他认为血缘在六代之内就不允许缔婚。他的裁定具有最后的无法改变的效力。

“潘吉卡尔”认为血缘关系方面没什么问题，就把批准写在一张棕榈树叶上，交给女方的父亲，并得到一定数额的酬报。有了这张由“潘吉卡尔”签名的棕榈树叶，婚姻就算最后缔结了。

也许民俗学研究者对这种缔婚方式感到兴趣，但就在这一带有不少人对这种婚姻集市抱有反感，越来越多的受过教育的青年不愿到婚姻集市上去。以往，这一带有三个婚姻集市，现在只剩下苏拉特村一个了。

土耳其人喜爱花的习俗

土耳其人特别喜欢花。每当人们欢宴宾客时，餐桌上都少不了会有一只插满鲜花的花瓶。应邀赴宴的客人也不会忘记给好客的女主人带一束令人赏心悦目的鲜花。如去探望病中的友人，带一束鲜花则比带别的礼物更宝贵，病人见之也会格外高兴。

至于各式庆典，从一般的开张仪式到结婚典礼，人们更是常常赠送形形色色的花篮以示祝贺。大的花篮常常需用几百朵鲜花，这些色彩斑斓的花篮会给庆典增添喜庆的气氛。而馈赠花篮的多少往往被看作衡量主人社会联系是否广泛，事业是否成功，声望是否高洁的标志。

土耳其的国花郁金香

另外，土耳其人还赋予各种不同颜色的鲜花以特定的含义。例如，白玫瑰代表“贞节”，红玫瑰表示“爱情”，粉红色玫瑰表达的意思是“我的心属于你”，而黄玫瑰则意味着

"分离"；白色石竹花代表"纯洁"，红色石竹花表达"友爱"，黄石竹花则表示"忧伤"；白色的美人蕉是"友谊"，红色的是"企求"，紫色的是"信任"，黄色的则是"嫉妒"；白色的郁金香表示"纯朴"，红色的表示"我爱你"，粉红的表示"谅解"，黄色的表示"紧张"；白菊花代表"忠诚"，黄菊花代表"单相思"，粉红色菊花代表"无言的企求"，紫色菊花则代表"恼怒"；水仙花表示"勿忘我"，兰花表示"自豪而又自信"，雏菊表示"健康和富有"，莲花则表示"未来和革新"，如此等等。

吉普赛人的财产继承习俗

吉普赛人通常是个大家庭，一家有六七个孩子并非罕见。尽管从宏观上来说他们是很分散的，但无论流浪的吉普赛人还是定居的吉普赛人的社团或家庭都结合得很紧密。他们的基本收入和社会福利不是依赖所在国家政府或慈善机关从外界社会给予的支持，而是靠自己的家族组织。一般情况下，吉普赛人是不愿意受人雇佣的，除去一些季节性工作外，他们靠的是自身经济维持生活，即由男人、女人和小孩组成的家庭或集团，按照自己的方式从事小本经营或用其他传统的谋生手段，如做小买卖、制造铜器等手工制品、贩马、妇女看手相或行乞等，来满足家庭对日常生活必需品的需求。吉普赛人中既没有企业家、银行家，也没有大商人和地主，他们都是穷人。

财产继承在吉普赛人日常生活中并不占有十分重要的地位，甚至在欧洲各国出版的罗曼尼语（吉普赛人的一种语言）的辞典中都很难找到"继承权"或"财产继承"一类的词汇。吉普赛人流浪的传统和谋生手段决定了他们的经济地位和生活水平。吉普赛人的生活是十分贫困的，特别是流浪的吉普赛人，在他们之中没有人有任何房屋、土地等不动产可以让他们的直系亲属去继承的。以前死者的遗物包括衣服、日用品、乐器等，按照吉普赛人的传统习俗都是要陪葬的。如果吉普赛人死在马车里或帐篷里，那么，帐篷或马及马车也要做为

载歌载舞的吉普赛人

殉葬品。在北欧各国，部分吉普赛人可以继承死者的衣物、帐篷、马和马车等，而不必埋掉。今天在世界上许多地区，吉普赛人已使用带篷卡车和侧面可翻转做柜台用的大轿车做为运输、贸易和流浪的工具，这些车辆再也不做为陪葬品，可以由死者的直系亲属来继承。除去这些交通运输工具以外，吉普赛人可以继承的财产还包括现金、珠宝和其他贵重物品，但并非所有的吉普赛人都有。

死者的遗产由直系亲属继承，如果发生争夺继承权的纠纷，要提请家族中的长老或部落中的酋长仲裁。在有些吉普赛人中，死者的遗产既不属于长子也不由各子女均分，而是归幼子继承。因为最小的儿子一直守在双亲身旁，负责照顾他们，而年纪较大的孩子在结婚后都离开父母独立生活。所以，父母把财产留给为自己出力最多、感情最深的幼子。

婚丧嫁娶

我国结婚贴“囍”字的习俗

每当新婚吉庆的时候，人们总在门户、窗牖、厅堂以及日常用具上贴上用红纸剪成的“囍”字，有些人还要在棉被、枕头上用红丝线绣上“囍”。据说，这个“囍”字还同北宋的政治家、文学家王安石有着联系呢。

新婚吉庆时人们常贴的“囍”字

相传有一年王安石赴京赶考，途中看见一户姓马的富贵人家在门楼上挂着一盏贴有半副择婿对联的走马灯，灯上对联是：“走马灯，灯马走，灯息马停步。”考试时，考官也出了半副对联：“飞虎旗，旗虎飞，旗卷虎藏身。”王安石就用前半联对考官，后半联应马家，结果不但金榜题名，而且还娶了美丽聪明的马小姐。在双喜临门之时，王安石展纸运笔写下了斗大的“囍”字，并赋诗道：“巧对联成双喜歌，马灯飞虎结丝罗。洞房花烛题金榜，小登科遇大登科。”“囍”字反映了人们盼望喜事成双来临的心理，所以很快流行起来，而且几乎成为我国民间最具有共性的一项民俗了。

其实，“囍”字是我国古代合体字习俗的一种。中国民间的宗教信仰中保留着大量的原始信仰习俗，对语言文字的崇拜即是其中之一。人们相信文字本身就具有一种超自然的力量，它可以影响人们的社会生活。创造和使用吉祥合体字正是以这种信仰为基础的。于是一些吉祥喜庆，祝贺致愿的合体字便应运而生了。比如，每逢年节，人们用红纸写上一个大大的“福’字，倒贴在大门上，认为这样福气就“到了”；商店开张时，贴上意为“招财进宝”、“日进斗金”的合体字。还有正看倒看都是“有”、“好学孔孟”之类的合体字。

中国的传统心态总体上说是乐观的，中国人很少有西方人的“赎罪感”，他们更注重现世的享乐而不是死后的“天堂”，于是便塑成了热爱生活、追求美好幸福的民族心理，这也正是吉祥的合体字得以流行的重要原因。从传统的审美观念看，中国人总是喜欢均衡、对称，这在传统的绘画、建筑、诗词中表现得十分明显。合体字实际上是一种有形无音的装饰性符号，人们在吉祥合体字中寄寓美好的愿望，从而在心理上获得某种平衡。不过，它毕竟不是现代思维的产物，因此迷信它，以为它真能带来好运气便不可取了。

永不守寡的尼瓦尔族女人

尼瓦尔族是尼泊尔众多民族中一个具有悠久历史的少数民族，这个民族迄今仍保留着一种奇特的风俗。姑娘在十二岁以前举行隆重的结婚仪式。不过结婚的对象不是青年男子，而是尼泊尔常见的一种果实：贝尔果(乔木上结的一种绿色硬壳黄瓤果，苹果般大小，味道略酸)。

尼瓦尔姑娘同贝尔果的姻缘是一种象征性的。几乎所有的尼瓦尔少女，在初潮之前都要举行这种婚姻。贝尔果在宗教里是库玛尔神的代表，同贝尔果结婚是一种非常严格的宗教仪式。这种仪式由祭司主持。凡有女儿的人家，或单独，或几家合伙郑重其事地操办这桩婚事，并要大宴亲朋好友。“新房”里张灯结彩，案桌上摆着五光十色的结婚用品。“新娘”被打扮得花枝招展，盘腿坐在“新房”中间。母亲陪着女儿坐在旁边。有的女儿则偎依在母亲或亲友的身上。

“新娘”面前是桌案，案上的银盘里放着用红绸子包裹的贝尔果。在乐队的奏鸣声中，众人先吃“新娘”的喜酒，并向其父母道喜祝贺。这时，祭司双手捧起银盘中包着红绸子的贝尔果，让“新娘”挑选。尼瓦尔族人认为，果子选得端正，姑娘将来找的丈夫就会健壮、聪明。“新娘”将选好的果子交给父母，婚礼宣告结束。

长辈们为少女新娘祈福

贝尔果一般由“新娘”的父母珍藏，或埋在圣河河底，或藏在不易被人发现的地方。贝尔果抗腐性极强，无论放置在哪里，都终年不烂。这象征着姑娘同库玛尔神的姻缘是百年之好。妇女只要活在世上，就要永远保存好贝尔果。

由于尼瓦尔族妇女把同贝尔果的婚姻当成是终生最重要的事，所以以后的婚姻就显得不那么重要，结婚仪式也不那么隆重。男女结婚时，男方要送女方十二个槟榔果。当女方提出解除婚约时，只要把槟榔果还给丈夫即算解除了婚姻。因此，尼瓦尔族妇女在丈夫死去两年后，或同丈夫解除婚约后仍可再嫁。即使不再婚嫁，亦不叫寡居，因为早就有了百年好合的“丈夫”——贝尔果。

西方人在坟墓上竖立十字架的习俗

许多民族在埋葬死者后，大多要在坟墓上竖立一些标记或纪念物，而各民族的宗教信仰、社会心理等也往往从中得到明显的反映，西方人一般在坟墓上竖立十字架。

西方人一般在坟墓上竖立十字架

十字架原是古代罗马帝国用以处死奴隶和无罗马公民权的人的一种残酷刑具。它多由两根木料相交而成，形状近似汉字“十”，因此译作“十字架”。行刑时，受刑者的双手被分别钉在横木的两端，双足合在一起重叠钉在直木的下方，然后将木架竖起，直至受刑者断气为止。

西方人在坟墓上竖立十字架的习俗是与他们的宗教信仰联系在一起的。欧、美等西方国家中的绝大多数人是基督教徒。根据基督教传说，人类的始祖犯了罪，致使整个人类都具有与生俱来的“原罪”，耶稣基督为了替世人赎罪而被钉死在十字架上。因此，基督教徒极端尊崇十字架，他们制成各种各样的十字架模型，或安置在教堂中，或悬挂在住宅内，或佩戴在身上，以此作为基督教信仰的标志。基督教教义以为，虽然世人都有罪，应沉沦地狱受处罚，但只要信奉耶稣基督便能得到救赎，而得救者死后，其灵魂便可上“天堂”与上帝共享永生。因此，基督教徒临死时，总要由神父、牧师举行忏悔仪式，并亲吻或抚摸十字架，这样他们才会放心的死去。

显而易见，西方人在坟墓上竖立十字架具有十分明显的宗教含意，他们是以此来表明死者的信仰，同时，还包含着对死者灵魂早升天堂的祝愿。

中国人在坟墓上种植松、柏的习俗

中国人多在坟墓上植松、柏的习俗则与中国社会的身份等级制度有关。根据这种制度，人们生前的衣食住行、社交往来和死后的举丧茔葬等都因身份尊卑不同而在礼仪上规定了严格的等级差别。

春秋以前，人们在埋葬死者后，并不在上面堆土，因此墓葬中的等级差别主要通过地下墓室的规模、棺椁的重数、随葬品的多寡等来体现。春秋晚期，堆筑封土的坟丘墓出现了，于是，人们在讲究地下墓室规格的同时，更重视地上坟墓外观的等级差别。这种差别主要是由坟墓的大小高低和植树的品种及数目来表现的。

古书上记载，天子坟高三仞，植松树；诸侯一仞半，植柏树；大夫八尺，植杨树或栾树；士四尺，植榆树

四周种满了松柏的清东陵

或槐树；庶民百姓则不堆坟也不植树。

战国时的秦国也规定，官吏死后，其官职差一级，墓上植树的数目也差一级。此后植树品种和数目上的严格规定日趋松弛，于是坟墓上植树的礼仪规定便转化为一种社会习俗，长期地流行于民间了。而在各种树木中，松树和柏树又具有四季常青的特点。松、柏不仅可以增添墓地的肃穆气氛，而且在人们心目中，还似乎象征着死者精神的长存，这就是为什么人们总喜欢在亲人的坟墓上面或旁边种植一些松树和柏树的原因了。

亲人去世戴黑纱的习俗

在庄严肃穆气氛中举行的追悼会中，我们会注意到，参加追悼会的人们衣着不尽相同，但人人的左臂上都戴着黑纱，显得十分醒目，给追悼会增添了哀悼、凝重的色彩。

原来，这是从西方流传过来的习俗。过去，中国人的丧葬服装的颜色是白色。人们在日常生活中，严格地规定了丧葬的颜色为白色，而黑色则被认为是吉祥、正规的颜色，城乡的成年人（尤其在北方）常常穿着黑色服装，而结婚迎亲的小伙子，也是一身黑色礼服，胸戴大红花。

但是，古代的欧洲却以黑色作为丧葬的服装颜色。在古代欧洲的许多原始民族中，一旦有人死去，由于惧怕死神带走更多的人，死者的亲属就设法伪装自己，这样不至于被死神认出。他们有的全身涂满泥巴，显得整个人一片黑乎乎的；有的穿上干草制的衣服；有的干脆用黑布将自己裹起来。凡此种种，都是为了保护自己。随着时间的推移，逐渐形成了以黑色衣服为丧葬用服的风俗。

按照西方的礼仪，在死者的葬礼上，对出席者的服装有很严格的要求：黑色的晨礼服，黑裤子、黑色的丝质高顶礼帽、黑领结或领带、黑袜子、黑鞋子，还要戴上黑色手套。女士们出席也要黑色衣着。西欧这一风俗以及繁琐的服饰礼仪长期流传，并在贵族阶层中严格地执行着。后来，这一习俗被英国的仆役首先改变了。当时，一旦一名贵族逝世，那么他的仆役们都要为他穿上丧服以致哀悼。但是仆役们没有能力购置全套的丧礼服装，英国贵族的仆役首倡用一块黑纱戴在左臂上，用以代替丧服，表示致哀，这个方法简单实用，很快风行起来，以后传播到全欧洲以至全世界，为人们普遍接受。

降半旗哀悼仪式的来历

降半旗致哀，是当今世界各国都

通行的表示举国哀悼的仪式。每当一个国家的领导人去世或有重大的灾难伤亡事故发生，各国政府都会通令全国下半旗，即在平时悬挂国旗的地方，先将国旗升至杆顶，然后再下降到离杆顶约为全杆三分之一处，将国旗固定。用这一方式，表示全国公众对死者的哀悼。

降半旗成为公众一致哀悼的仪式

虽然降半旗致哀已是世界通行的仪式，但这一仪式的确切起源却很难说清。一般认为它起源于海上船只的旗号。旗帜在人类社会早期就已成为人们交流信息、表达情感、表明身份的重要手段。在我国古代，周朝有“九旗”之制，国王、诸侯、大夫、士等各有等级。在古代战争中，旗帜和战鼓是指挥军队的重要手段，因而两军对峙、势均力敌称为“旗鼓相当”；首战获胜称为“旗开得胜’；停战就称“偃旗息鼓”。在陆地上，旗帜主要靠人高举或放倒，一般不用升降；而在海船上，旗帜是悬挂在船桅上的，要靠绳索升降，因此升旗、降旗的一些仪式大多来自海上船舶的惯例。

16 世纪末至 17 世纪初，英国成为海上强国，英国的船队横行大西洋。当时欧洲各国的海船还没有完善的旗语通讯，主要依靠悬挂舰旗的位置来表示自己的意图。如在舰旗之下悬挂一面红旗，即表示开战。一方战败，就降下舰旗，表示投降、归顺、服从。1651 年，英国议会曾订立《航船条令》，规定一切进入英国港口的贸易活动，都要由英国制造或英国所有的船只来运输，船上的船员也应大部分是英国人。一切外国舰只在海上与英国舰只相遇，必须降下舰旗，以表示敬意，否则英国舰只可以对之开战。因此在英语中，很多成语多与航海有关。如“把舰旗钉在桅杆上”，就表示绝不投降、有进无退。相反，“降下舰旗”就表示投降、妥协、退让。当时舰旗升降靠用木栓固定，因此“取下木栓”，就表示舰旗全降落，引申为“煞某人威风”。

大概由于降旗长久以来一直表示投降、顺从，所以逐渐派生出“恭敬”的意义。相传1612年，英国舰只“哈兹伊斯号”去北美洲探险，船长不幸身亡。船员们为了表示哀悼和敬意，就将舰旗降下一半，返航回国。从此逐渐成为海上惯例。每当海军统帅、船长在海上遇难，船只就降半旗回港，表示哀悼。久而久之，这一惯例又搬上陆地，当各国普遍采用国旗、悬挂国旗后，下半旗就成为表示公众一致哀悼的仪式了。

印尼松巴岛的存尸风俗

在印度尼西亚松巴岛，居民有存尸的风俗。死者在埋葬前要用松巴岛的土布，层层包裹，一般都要包上几十层，甚至上百层。有一位王族将军的后裔，他的尸首被包上一百五十五层松巴布。尸体必须是坐着的姿势，坐在一块牛皮上。

如死者家属无力举行隆重葬礼，那就只好把层层包裹的尸首存放在屋内。在松巴岛的勃拉里岛和里第乌玛鲁等地，就有一些人家在屋里存放了好几具尸首，有的甚至存放了十几年、几十年，即使包上这么多层布，把它放置在屋内，让子孙们在两旁端上祭品供奉，其腐烂时的尸臭仍时而可闻，但子孙们不能作任何回避，直到举行葬礼为止。

松巴岛的居民大都信仰一种原始的“马拉波”，即把“祖宗”奉若神明。他们认为祖宗仅次上帝，因此对祖宗的葬礼，必须十分隆重。他们认为死者在阴间和活人在阳间一样，需要吃饭穿衣，使用钱钞，因此举行葬礼时，就要屠宰牲口，埋葬财宝，以供死者在阴间享用。

这种裹尸存尸的风俗，虽然极不卫生，但也促进了松巴岛的手工织布业的发展。岛上几乎家家户户都有手工织布机，勤劳智慧的松巴妇女，善于织出图案美观、色彩鲜艳的各种松巴布。

马来人的葬礼习俗

自古以来，不管是在市镇或乡村，凡是年老的人逝世后，依照马来人的习俗，最要紧的事就是马上通知当地回教堂的管理人，好让他把死者的姓名、逝世的时间以及举行葬礼的时间和地点，公布在教堂的布告板上，以便让当地的乡亲们知道。与此同时，丧家也通知亲戚和好友们，请他们准备参加葬礼。

马来坟场在回教堂的附近并直接由教堂管辖，所以管理人接到丧报之后，还得马上叫人挖墓穴。

马来人住的茅草高脚屋

回教规定，要尽快地埋葬死去的教徒，决不可无缘无故地拖延六小时以上。习惯上，凡是在上午逝世的教徒，都在当天下午埋葬，而在下午死去的，最迟在第二天傍晚就要入土。

当年老的人病重垂危、奄奄一息的时候，他的家人便请教堂的主事人到病榻前为病人诵念《古兰经》，让他安祥地、无忧无虑地到另一个世界去。

死去的人被抬放在一张事前准备好的、铺有清洁白布的台上。尸台通常停放在屋子的中间，以便亲友瞻仰。死者仰卧，双手右上左下平放在胸口，两脚伸直并拢，眼睑关闭，一条白布由头顶包到下巴，以防嘴巴松开，然后用布由头到脚盖住死者的遗体。在尸台前，点燃着伽罗木，有些丧家的伽罗木要点燃三天之久。在这段时间里，亲戚朋友可以在台前瞻仰死者的遗容。

探丧的人，一个个肃穆恭敬地掀开白布，瞻仰一会儿。根据马来人的习俗，所有吊丧的男女亲友以及丧家的左邻右舍，都要对死者表示尊敬，他们不能高谈阔论，也不能嚎啕大哭。在出殡的时候，大家要诵念《古兰经》，不可交头接耳地谈话。每个人的心情是沉重的，气氛是严肃的。

到了”沐浴”的时候，尸体由同性别的亲友抬到沐浴的地方。“沐浴”是一种宗教性的仪式，由同性别的“沐尸师”负责主持。尸体用清水和肥皂洗净擦干之后，被涂上樟脑和黄檀木的粉末。

接着便要裹尸了。裹尸布撕成上衣、纱笼和头巾的样式，但是绝对不可用针线去缝制。死人穿上衣后，便被包扎三层白布，富有的人家有的包上七层。最后用布条把死者的双脚和头都包裹起来，放在棺材里。

马来棺材是用轻便的木板做成的，有些棺材底层用布代替木板。封棺后，盖上好多层布，最上面的一层，有美丽的金线刺绣的图案，或者是绣上《古兰经》的经文。

在乡村，棺木由几位亲友一同扛到坟场，而在城市，则是由教堂特备的灵车载去的。教堂的管理人早已在坟场等候迎接灵车，他打开棺盖，拆除扎住尸体的布条，然后把死者放入墓穴里。所有的回教徒入土的时候，都必须面向圣地麦加。

马来人的坟穴，除主穴外，还有一个在主穴底部旁边的小洞穴，尸体就埋葬在小穴里。至于墓碑，多数在当天装妥，否则，便得在日后立碑的地方插上一根树枝。

墓穴填土后，丧家请一名回教僧侣来念经。在墓旁有一块纱笼包裹住的方形席子，一盘各色花卉和一两壶浸檀香的水。回教僧侣坐在席子上念经文，最后念的是平安经。念完经，那个回教僧侣便把壶里的水洒在坟上，花也散在坟墓上面，全部葬礼到此算是结束了。

根据马来人的习俗，女性是不能去送殡的，而送殡回来的男人，在洗手换衣之前，是不可以触摸或抱小孩子的。

刚果人的丧葬习俗

非洲的刚果横跨赤道，刚果人的平均寿命仅为四十岁左右。人们珍惜生命，对葬仪也重视。无论是成年人死亡，还是婴儿夭折，都要举行隆重的传统葬仪。

刚果实行公费医疗，城市居民大都死在医院里。人死后，遗体暂时停放在医院的太平间。死者的亲属，少则几十人，多则几百人、上千人，集合在太平间门外的广场上，为死者举行“驱魔仪式”。死者的遗孀或母亲必须绕着医院跑三圈，边跑边哭喊，并用本部族语言念着种种祝福死者的话语。其他人则用深沉的歌声和粗犷的舞姿来表达自己的哀思。这一仪式不分白昼黑夜，不间断地进行，时间长短不一。

此时死者家属赶制棺木。一旦棺木准备就绪，便举行“接尸仪式”。据说，在进入太平间提取尸体前，家属必须轻轻叩打太平间的房门，并且问道；“你睡醒了吗？我们可以进去吗？”稍等片刻，待得到死者的所谓允许之后，方能打开太平间房门。

“接尸仪式”也是十分隆重的。死者的棺木置于黑色帐幔围裹的灵车之中，灵车前面有警车扬尘开道，后面有死者亲属乘坐的十数辆至数十辆各式汽车“护灵”，最后是妇女歌唱队伍。她们身着一色的缠腰布，有节奏地唱着哀歌，并不时击掌和顿足。

刚果人

不论是在杂草丛生的乡间小路上，还是在车水马龙的市中心，遇到灵车经过，其他所有车辆和行人便自觉停止行进，为其让路。场面之隆重不亚于国宾车队经过。在这种场合下，如果有人冒然抢行的话，便会受到公众的严厉谴责。

遗体被接回家后，紧接着便是“守灵仪式”。死者的灵柩一般放在院内临时搭起的凉棚下。白天，由死者的直系亲属轮流守灵。参加守灵的人一律禁食，滴水不进。夜幕降临后，亲友们便在“达姆—达姆”鼓的伴奏下跳舞、唱歌，通宵达旦。有时还专门请来巫师，为死者“驱魔”。巫师脸上涂抹红、白、黑等颜色，身披兽皮，腰间插有野禽羽毛，手持点燃的驱魔棒，口中念念有词地边唱边跳。

翌日凌晨，即开始“起灵”和“安葬”仪式。灵车被亲属们前呼后拥地送到公墓。灵柩用绳索吊着放入事先挖好的墓穴之中。埋土前，老年死者的继承人或夭折婴儿的母亲俯于棺上，女宾们痛哭流涕，相互搀扶。埋土后，将死者生前最喜爱的物品置于坟上。布拉柴维尔市的几座公墓坟堆上常有崭新的皮箱、脸盆和玩具等物。

周年后，进行正式安葬——即在土坟上加筑坟廓，使其成为永久性坟墓。根据死者家属的经济状况及其对死者的感情深浅，永久性坟墓的规模和质量不尽相同。有的仅用水泥预制板铺盖，有的则用进口的黑色大理石雕筑，有时还在墓上盖起数平方米的亭台屋舍和考究的墓碑。碑上镶嵌着死者的印瓷照片和简历。

“安葬仪式”之后，亲属们驱车回家吃“丧饭”。此时此刻，人们开怀畅饮，饱食一顿。过路行人有时也被邀请与死者家属共餐。

在刚果，每年11月1日“死人节”时，全国放假一天，举国上下组织各种悼念活动。国家元首亲自前往首都的自由广场烈士墓献花圈。其他国家领导人则分别到布拉柴维尔市四大公墓献花圈。这一天，身穿黑色礼服或缠腰布的男男女女，扶老携幼，手持鲜花，来到死者安息的静谧世界，并使之成为一片花的海洋……

维达人的婚姻习俗

斯里兰卡的维达人之间流行氏族外交错从表婚，亦即姑舅婚（指姑舅表兄妹间的通婚，这是群婚制的一种残余形式。姑舅表兄妹不属同一氏族，因此在实行亲兄妹间禁婚的群婚制时，姑舅表兄妹可以结婚，这在今天的维达人中仍然盛行）。维达人实行一夫一妻制。女孩子十三四岁性成熟后便进入结婚年龄。当一位维达男子看上了一位姑娘时，他不是自己去表白爱情，而是请求父母去代为提亲。女方父母也不自作主张，而是去征询女儿的意见。只有女儿点头同意，这门亲事才能进行。看起来，维达人的婚姻是自主的，但实际上却受到了他们交错从表婚制度的极大限制，有时甚至根本没有选择的余地。

在田间采摘的维达人

婚事定下后，男子要用狩猎的长弓挑上鹿肉、块根、谷物和蜂蜜等礼品到女方家去拜亲。这时，姑娘拿出亲手编织的腰带为男子系上，男子则回赠给女子一缕头发。腰带和头发是维达男女订婚时必不可少的信物。此后，男子只能使用未婚妻制做的腰带，损坏以后，就交还给女方，再换一条。而女子也将男子赠送的头发佩戴在自己的头上或细心地保存起来，直到临死，将它烧毁或传给自己的女儿。从拜亲那天起直到举行结婚仪式，男子便留在女方家里，帮助自己未来的岳父狩猎，从事各种生产活动。

维达人不知道年月日的计算，只知道每七天为一个星期。他们认为星期四是黄道吉日，所以婚礼总是在这一天举行。维达人的婚礼由氏族长主持，氏族长为新人祈祷祝福，唱赞颂诗。赞颂诗唱完，婚礼即告结束。婚后，新郎新娘即辞别父母，另建家庭。为了他们的生计，女方父母要从自己的地域中划出一块，供女儿女婿狩猎、挖掘根茎和采集蜂蜜。他们所生子女属于女方氏族。

维达人的婚姻关系十分严格，婚后便不能再接触其他异性。但是在他们之间却流行着“转房制”，即当已婚妇女的丈夫死后，她可以和已故丈夫的弟弟结婚；同样，一个男人的妻子死后，他也可以和前妻的妹妹结婚。维达人视此为天经地义。他们认为，如果不这样，那些死去了父亲或母亲的儿童便会失去他们应该得到的照顾和爱护。当然，如果一个寡妇不愿再婚，她可以重新回到她父母的身边去，也可以到她已故丈夫的氏族去，他们都有义务照看她及她的子女，而不会歧视她。

英格兰人的婚俗

英格兰人的婚俗丰富多采，从求婚到度蜜月均按自己的传统方式进行。在英格兰北部约克市求婚方式颇为奇特，继承了古代民间遗风。女孩子成熟以后，需要出嫁了，便穿上不同颜色的紧身服饰，向男性示意。不同的颜色表示不同的意思，恰恰和交通信号灯一致。绿色表示："来吧！我愿意恋爱，大胆地追求吧！"黄色表示："机遇是有的，如果合我的意还是有成功的机会的。"红色表示："目前我还不想谈情说爱，不要追求我。"勇敢的小伙子会根据对方的服色，根据自己的选择去大胆追求，决不会被扣上行为不端的帽子。

一旦双方确立恋爱关系，男方要送给女方订婚戒指并举行仪式。这种习俗遍及整个英国。结婚或定婚戴戒指是许多民族的传统习俗，英格兰人

奇特的英格兰人婚俗

在教堂里举行婚礼仪式时，新郎给新娘戴戒指是不可缺少的一项重要内容。人们甚至认为不戴戒指的婚姻是无效的。当神父询问一对新人是否愿意做对方的妻子或丈夫、能否相互尊重、白头偕老后，新郎给新娘的无名指上戴上一枚戒指。它象征着丈夫对妻子的纯真爱情，同时妻子也表示接受并忠实于这种爱情。

戴戒指的习俗可以追溯到古代埃及、中国，它不仅作为一种信物也是一种装饰品。婚姻戒指最初并不镶嵌钻石、翡翠以及红、蓝宝石等饰物，纯洁的圆形象征着由婚姻联袂在一起的两个人的团圆。在一些原始民族中象征着一种魔力，保佑夫妇幸福长寿，同时施予者表示对接受者的信任，接受者表示对施予者的忠诚。

金戒指象征爱情的纯真，银戒指意味情感温柔。英国人同西方各国一样，定婚戒指是金制的而且不镶嵌任何宝石，结婚戒指应加装饰物，至于戒指的质量则根据个人的经济条件不同而不同。定婚、结婚戒指可戴在同一无名指上，也可由结婚戒指取代定婚戒指。

英国在 16—18 世纪时，结婚戒指的内侧经常刻上家族的图案或箴言，今天戒指上的铭文大多只刻上新郎和新娘名字的开头字母。

英国人结婚要穿礼服，新郎穿长

礼服，新娘身着白衫、白裙、头戴白色花环，还要罩上长长的白纱，手持白色花束。总之，英国人崇尚白色，它象征爱情纯洁、吉祥如意。而戴头纱的习俗可以追溯到公元前10世纪，当时两河流域就已盛行女子戴头纱。在古希腊，举行结婚仪式时不仅新娘要戴亚麻或毛织成的头纱，而且一对新人都要戴上花冠。到了罗马时代，不同宗教信仰的人要戴不同颜色的头纱以示区别。中世纪以后，宫廷贵族之中出现了用珍珠装饰的花冠。尔后，发展成白色头纱，并且尺码日益延长，并遍及欧洲各地。

一旦举行完婚礼，新郎新娘从教堂里出来的时候，人们要向新人祝贺，这种祝贺不是亲吻、拥抱和握手，而是向他们撒五彩缤纷的纸屑。撒纸屑的习俗起源于撒麦粒。1491年英国国王亨利七世携王后到布里斯托尔旅行。旅行途中被一位面包师的妻子看到，于是她从窗子里向他们撒麦粒，并高呼："欢迎你们，陛下！祝你们幸福、长寿。"这成为一段佳话，至16世纪时，这一习俗已广为流传，人们向新郎、新娘撒麦粒，有时还染各种颜色。麦粒象征着丰收和生活富裕，同时也祝福新婚夫妇幸福长寿，子孙满堂。

度蜜月也是英国各地男女青年结婚的重要内容之一。英国人是不讲究饮食的一个民族，这一习俗同法国人、意大利人有较大的差距。他们把积蓄下来的钱用于旅游，而结婚后去旅游便称作度蜜月。这原是古代的习俗，在新婚之时一定要饮用一种用蜂蜜特制的饮料，用来象征家庭美满、爱情甜蜜和生活幸福。而且这种饮料从结婚开始一直要喝三十天，因此就把新婚第一个月称蜜月了。今天这一习俗早已跨出民族和国家的界限，在全世界风行起来。

在英国，对于结婚纪念日十分重视，每年都要庆祝并有不同的称谓。第一年是纸婚，第二年是棉婚，第三年为皮革婚，第四年为毅婚，第五年称木婚，第六年称铁婚，第七年叫铜婚，第八年叫陶器婚，第九年为柳婚，第十年是锡婚，以后钢婚、绕仁婚、花边婚、象牙婚、水晶婚。从第十五年以后，每五年各有一个称谓，依次为搪瓷婚、银婚（第二十五年是个大典）、珠婚、珊瑚婚、红宝石婚、蓝宝石婚、金婚（五十年是第二大典）、翡翠婚、钻石婚。这最后一个是第三大庆典，但很少有人能够庆祝这个庆典。

巴西博罗罗人的求婚俗

在巴西马托格罗索州和戈亚斯

州，在上巴拉圭河与拉那河之间，生活着博罗罗族印第安人。博罗罗人的婚俗与其他民族不同，求婚方式尤为独特。男女之间恋爱史的序幕首先由女方拉开。姑娘主动向小伙子求爱，但不是面对面地倾吐爱恋之情，而是通过送“点心”的方式来表达自己的心愿。姑娘在求婚之前，要亲手精心地作一种美味点心，以此做为信物。一旦姑娘发现意中人从她家门前过时，便在母亲的陪同下，把盛放在铁锅里的点心小心翼翼地送给小伙子。当小伙子接过礼品时，姑娘的母亲会亲切地对他说：“我女儿想跟你一起生活。”男方不马上回答，只是把放着点心的铁锅拿回家去。如果男方接受了女方的求爱，同意与姑娘一起生活，那么，他就要把点心全部吃光。全部吃光才意味对女方心意的珍惜。第二天被求婚的小伙子要亲自上门把铁锅还给姑娘。铁锅空着回来了，这就预示着这门亲事成了。否

服饰艳丽的博罗罗男性

则，如果男方不同意与女方结婚，那么他就会让自己的母亲或是一位近亲把姑娘赠的点心原封不动地退回女方。时至今日，铁锅里的美味点心仍然是博罗罗人男女婚姻的媒介。

现在巴西印第安人并没有制订婚姻法，每个部落里都奉行着各自不同的婚姻习俗。在博罗罗部落里，禁止同一家族的男女通婚。在极特殊情况下，需要结婚者，必须由部落首领批准，否则会受到部落的惩处。但远隔三代以上的同族成员可以自由结婚。

澳大利亚土著人的殡葬习俗

澳大利亚土著人的殡葬方式是多种多样的，几乎集中了当今世界各民族的各种殡葬方法，如土葬、火葬、天葬、本乃伊化、食尸、弃尸、双葬、局部葬等。采用哪种殡葬方法是根据各地区各部落的习俗不同而有所不同。

土葬是澳大利亚土著人中最普遍一种殡葬方式，它主要盛行于澳大利亚中部以及东南部、最北部和西部地区。但埋葬方式略有不同，一般把尸体放在一个墓穴内埋上土就行了。有一些部落还要在墓穴内再挖一个长方形凹槽，将尸体放在其中再埋上土。这为了防止野兽将尸体刨出来吃掉，

澳大利亚土著人

考古学家称这种葬法为“墓洞土葬”法。阿兰达部落还采用“蜷曲土葬”法，将尸体蜷曲，双膝压着下腭，然后放入圆洞式的墓穴中，脸朝向圈腾中心，用土埋上墓穴，并留下一个小孔供死者的幽灵进出。卡米罗拉伊部落要把尸体缠成一个蜷曲的圆包，沃托巴卢克部落将尸体的两只大脚趾绑在一起，吉尔吉尔伯河流域部落将尸体的腿折断，这一类的土埋法是由于惧怕死人危害活人而形成的风俗。

天葬在澳大利亚土著人中也是一种较为普遍的习俗，在澳大利亚北部、昆士兰东部、墨累河下游地区均盛行。尸体被放在树上或者专门搭起来的架子上，等候尸体腐烂或老鹰吃掉。

火葬是澳大利亚土著人中比较少见的一种殡葬方法，仅存于澳大利亚东部的一些部落中，而且往往伴随着其他殡葬方式。在维多利亚各部落中，在没有时间举行繁杂的土埋仪式时使用火葬。在卡通加部落中习惯把老年人火葬，而青年夭折则土葬。

木乃伊化的风俗是在企图保存尸体的愿望下产生的，澳大利亚土著人采用一种极为简便的烟熏办法，他们用木头搭一个台架下边放上树枝、青草点火来熏，尸体水份挥发后便制成木乃伊。

弃尸是一种最简便的、最古老的殡葬方法，澳大利亚南部沿海的克拉米宁部落盛行过这种方法。他们把频临死亡的人放置在一堆篝火旁，整个群体的人默默地向亡人告别并转移宿营地，过了很长一段时间后才会重返故里。

食尸也是一种极古老的殡葬方式，在澳大利亚南部、东部和东北部的沿海某些部落中曾有过这种风俗，大家把尸体分食。双葬即两次埋葬，第一次先举行殡葬仪式，过一些日子再给死人遗骨做其他仪式。一般是天葬和土埋相结合，先天葬待尸体腐烂后再埋掉。但在卡奔塔利亚湾的阿努拉部落和马拉部落中，天葬后的遗骨放在木盆里或放在垂在水面上的树枝上，让水冲走或沉入水底。

局部葬是把死者尸体的局部埋葬、火化或分别埋葬，库尔奈部落先把尸体放在木架上天葬，待尸体腐烂后再埋葬到树洞里或火化，但指骨取下来穿在一起做成项圈戴在颈上。而瓦拉孟加部落则将风葬后的遗骨埋在蚁蛭中，手上的桡骨在举行仪式后单独埋葬。

在婚礼上相互交换戒指的新郎新娘

婚礼上新郎新娘互换戒指的习俗

戒指，是古今中外最常见的饰物，除了装饰作用，它还曾有过许多特殊含义。在远古社会，戒指是太阳神日轮的象征，庇护着人类的幸福和安宁。在古希腊，它代表自由和尊严，解放了的奴隶最爱佩戴它。在古罗马帝国，市民们常把它当作护身符，而国君们则用它作为传达命令的信物。中世纪时，教皇们常用镶嵌着巨大宝石的戒指作为他们至高无上权力的象征。此外，戒指作为礼物，作为纪念品，作为传家宝频繁地出现在人们的生活中。然而，对大多数西方人来说，一生中最有可能拥有，也是最宝贵的是结婚戒指。在西方传统婚礼上，在庄严的圣坛前，新郎新娘在互表忠贞之情以后，总要给对方戴上戒指，从而将婚礼仪式推向高潮。你是否知道，在婚礼上互换戒指的习俗是怎么来的，它又有什么特殊意义呢？

人类很早就懂得打扮自己，与耳环、鼻环、脚镯、手镯一样，指环也是常用装饰品。指环的材料并不讲究，草棉、木头、皮革、象牙等都可制作指环。到了古罗马时期，人们为使婚姻更加神圣化，就用指环作为男婚女嫁的信物。这可追溯到原始时期。远古的人们认为圆圈是神圣的，具有魔力。因此原始部落的人们在举行婚礼时，总用花环套在新郎新娘身上，以此来保证新婚夫妇的灵魂与肉体一样紧密结合。由于习俗的传袭力量，这一信仰对后世还不断产生影响。但是花环无法长久携带，而指环却能终身佩戴，又具有圆圈的特性，因而深受欢迎。从此，指环成了订婚、结婚典礼上的必备之物，它的名称也因此被称为婚戒指，简称戒指。婚戒指最早大多数用铁制成，因为古代铁也是贵金属，公元2世纪时才开始流行黄金戒指。以后，银戒、镀金戒、玻璃戒、宝石戒都曾流行过。材料虽然不同，都起到了婚姻信物的作用。婚戒指一般戴在左手无名指上，古罗马人相信，这里有一条静脉直通心脏，婚戒戴在这一手指可以获得真挚、永恒的爱情。

既然是婚戒，就具有“戒约”的意义。婚姻本身是一种社会关系，缔结婚约的双方必须承担责任与义务。现代英语中，婚姻一词就来源于盎格鲁撒克逊语中的“誓约”一词。因此，婚戒作为婚姻的信物就具有“戒”与“约”的含义。16世纪流行的订婚戒就是一种相约戒指，外形是一双紧握的手，表示双方永不变心。西方婚礼上的互换戒指仪式，象征着双方承担起义务与责任，表示新郎新娘从此甘愿受这种责任义务的约束，共同维护神圣的婚姻。因此，对于每一对希望爱情地久天长、婚姻牢不可破的新婚夫妇来说，互换婚戒的意义是十分重大的，这也是这一习俗流传至今的原因。

披麻戴孝与丧服

披麻戴孝，是过去人们在服丧期间穿戴的服饰。从古到今，丧服历经变化，反映了社会习俗和民俗观念的变迁。

披麻戴孝，起源于我国古代的丧服制度。周代的《仪礼》中记载了一整套服丧礼制，后代的丧服制度，基本上都根据《仪礼》拟订，只不过随着社会风尚的变更，稍有变化而已。

古代丧服有“五服”之分。五服指斩衰、齐衰、大功、小功、缌麻五种服色，以表示不同的亲疏远近关系和哀痛程度，一般来说，越是亲近的亲人，丧服形式就越粗陋寒伧。

五服中最重的孝服是“斩衰”，衰同缞，指粗麻布。“斩衰”用最粗的生麻布制成，断处外露，不包边。丧礼中，儿子和未出嫁的女子为父亲，曾孙为祖父服丧，妻子为丈夫服丧，都要穿这种丧服，服期三年。一般指首尾达三个年头。

“齐衰”是次于“斩衰”的一种丧服，也用粗生麻布制成，剪断处缝边。为祖父母服丧一年，为曾祖父母服丧五个月，为高祖父母服丧三个月，就穿这种丧服。

稍轻的孝服是“大功”。大功用熟麻布做成，在做工上比齐衰要细一些。大功的“功”，指织布的功夫。大功的丧期是九个月。这是男子为出嫁的姊妹和姑母，为堂兄弟和未嫁的堂姊妹的丧服；女子为丈夫的祖父母和伯叔父母，为自己的兄弟，也穿这种丧服。

“小功”又轻于“大功”。小功用较细的熟麻布做成，做工比大功更细致些。小功的丧期为五个月。这是男子为伯叔祖父、伯叔祖母、堂伯叔、堂伯叔母、堂姊妹、外祖父母的丧服；女子为丈夫的姑母姊妹和丈夫的弟妇、嫂子的丧服。

“缌麻”，在五服中最轻，它用细麻布制成，做工比小功还要细致。缌麻的丧期都是三个月。这是男子为族曾祖父母、族祖父母、族父母、族兄弟的丧服。此外，为岳父母等守丧也穿“缌麻”。

五服在中国流行了几千年，现在随着社会的发展，这种习俗已基本不见了。现在城市里一般以佩带黑纱表示对死者的哀悼，妇女也可头插白花、白纱。服装上也没有太严格的要求，一般以深色、素色来表达庄重、肃穆和哀悼之情。

哈亚妇女的闺房教育

位于非洲坦桑尼亚的哈亚族人在姑娘出嫁的前一天晚上，要举行一次庆祝舞会。全村的男女老幼聚集在一起欢乐歌舞，通宵达旦。出嫁的姑娘兴高采烈、纵情起舞。因为这一天她将结束做姑娘的生活，自第二天婚礼一举行，她便成为“穆戈勒”，即作新娘。从此开始为期一年的闺房教育生活。在舞会结束后，至亲好友中的老年妇女便集聚在待嫁新人的周围，开始为姑娘讲解未来的闺房教育中的注意事项，诸如过门后要安分守己、孝敬公婆、服侍丈夫、行为端正、讲究礼貌、低声讲话等，以及如何讨丈夫及公婆喜欢等诀窍。按照哈亚人的传统，这些老年妇女还要唱一些训导歌曲，用哈亚人的传统来启迪、教育姑娘，在过门后不要给娘家丢脸。

哈亚族的妇女

新娘一到丈夫家，便开始了“闺房教育”生活，在此期间“穆戈勒”不许高声讲话，大声讲话被认为是缺乏教养的表现，和丈夫讲话必须窃窃耳语，公婆问话时必须有问必答，而且要低声细语、含羞带笑，表示出对家长的尊敬。害羞在哈亚人中是一种美德，“穆戈勒”在闺房教育时期就更应该注意。哈亚人的“闺房教育”与非洲其他民族的“闺房教育”不同，其他民族的“闺房教育”是在结婚前由待嫁姑娘的母亲或至亲好友中的老年妇女来传授，而哈亚人的闺房教育是在新婚后由公婆对儿媳进行教育。使她知道在本家族或本村及邻村中，谁是这个家庭的朋友，谁是仇人，教育她谦恭谨慎、作风正派，告诫她礼貌待人、夫妻和睦等等。在闺房教育期间，“穆戈勒”每日必须香汤沐浴，以洗涤肉体及灵魂的污垢。浴后在身上涂油，使皮肤颜色变浅，同时增加营养，多吃含脂肪及淀粉的食物，使身体迅速发胖，哈亚人视妇女肥胖和浅色皮肤为美。按照传统，在闺房教育的一年内，“穆戈勒”应该怀孕，如果没有怀孕，将引起家庭和社会对其生育能力的怀疑，不会生养的妇女是被人看不起的。闺房教育期满，“穆戈勒”便可以自由行动了。她可以出门，也可以大声讲话。当然，更多的“穆戈勒”此时已成为受人尊敬的母亲，去照管她的子女了。

西方人结婚上教堂的习俗

金碧辉煌的教堂里奏响着庄重的管风琴乐曲，身披婚纱的新娘由亲人与傧相陪伴，在人们的注视中，缓缓地向等候在圣坛前的新郎走去，然后在神父或牧师的主持下，举行一系列的仪式……这就是西方国家中盛行的宗教婚礼的场景。有些地区习惯在做弥撒的时候举行婚礼，新郎新娘要与在场的教徒一同举行入场、诵读《圣经》、结婚议式、分领圣餐或分饮圣水、婚姻祝福、解散等仪式。

肃穆庄严的西方教堂婚礼

西方人上教堂结婚的习俗是在他们的宗教信仰制约下形成的。欧美等西方国家的大多数人信奉的是基督教，基督教教义在人们日常生活中有着极其重要的作用。基督教中的天主教和东正教认为，婚礼与洗礼、坚振、告解、圣体、终傅、神品同为耶稣基督亲自定下的七件“圣事”，是基督教的重要礼仪。因而，教徒应在教堂内，由神父主持，经过教会规定的一系列礼仪才能正式结为夫妻。新教虽未把婚配视为“圣事”，但教徒结婚时请牧师证婚也早已成为惯例。现代西方，虽然新式婚礼已逐渐流行，一些喜欢标新立异的新人还创造出空中婚礼、水下婚礼、冰上婚礼、沙漠婚礼等各种别出心裁的婚礼仪式，然而，许多人仍选择仪式隆重、气氛庄严的宗教婚礼，以在自己的人生旅程中留下深刻的印记。因此，直到今天，许多西方人结婚还是喜欢上教堂。

基督教婚礼的仪式因教派和地区的不同而有所差别，但大体上是相近的。以英国为例，婚礼一般须经这样一些过程：事先，男女双方在各自住区的教堂中发布结婚预告，一定期限内如无人提出异议，婚礼就可如期举行。英国法律规定，婚礼一般要在圣公会的教堂中举行，习惯上是选择女方父母常去做礼拜的教堂。婚礼由教堂牧师主持，并且要有两位证人。婚礼开始时，新郎由男傧相陪同，站在圣坛前等候，新娘则伴随《婚礼进行曲》的乐声，挽着父亲的手臂（如父亲已故，可由哥哥、叔伯代替）由女傧相前导，侍童殿后，徐徐走向圣坛。当他们面对圣坛站立时，其次序应是新娘的父亲、新娘、新郎和男傧相。牧师先致词，然后询问双方是否存在不该举行婚礼的理由，在得到满意的答复后，牧师再问新郎新娘是否愿以对方为终身伴侣。这时，新郎新娘要分别握住对方的手吟诵誓言。随后新郎给新娘戴上戒指，牧师为新人祈祷，向他们祝福，众人唱赞美诗。最后，新婚夫妇由至亲及主要宾客陪同，进入圣坛后的祈祷室签署登记簿。然后，管风琴再奏乐，新娘挽着新郎的手臂缓缓走出教堂，整个婚礼宣告结束。在英国，新人走出教堂时，亲友们还向他们掷洒米粒或彩纸屑，祝愿他们美满幸福。许多家庭在婚礼后还举行宴会、舞会等庆贺活动。而新人则往往在宴会接近尾声时，向人们告别，开始他们的蜜月旅行。

节日庆典

西方过情人节的习俗

西方浪漫的情人节

每年2月14日，正值春回大地，鸟语花香的季节，欧美和大洋洲一些国家的人们都要欢度情人节。青年男子送礼物给情人，丈夫也送礼物给妻子。女子通常收到的礼物是鲜花、糖果、手帕、手套等。

情人节原来并不出名。直到美国内战期间的1863年，有一家杂志的一位编辑写了这么一句话；“除了圣诞节，没有什么节日像情人节更能引起全球人的兴趣。”从此，情人节逐渐普遍起来，出现了情人帖，也开始有了各种装饰品及赠送礼物的仪式。

在美国和加拿大，大多数人互寄贺帖，不但寄给情人，也寄给父母和师长。孩子们也喜欢参与情人节的活动，与同学交换画片。在美国，孩子们会在这一天收到钱、生果、簿本等礼物。他们喜欢唱特别的情人节歌。有的地方用特制甜面包庆祝情人节。有些男子会将一篮子礼物放在自己所爱的女子家门口，按动门铃后又立即避开。

在意大利，未婚女子则在日出之前起来，静静地站在窗前，等候着第一个来到她窗下的男子，把这个男子作为自己命中注定的情郎。

丹麦人的庆祝活动，特别活泼俏皮。人们将压榨好的雪花送给好朋友。男子会写开玩笑的信给女子，只用密码或点点作字母署上自己的姓名。如果女子猜中了告诉他，那么这一年的复活节，他要送一份礼物给对方。

事实上，欧美的情人节已超出了原来的意义，成为人们表达内心的爱和扩大爱的范围的一种机会，它使父母、师长、亲朋好友及儿女都成为人们喜爱的对象。

情人节，又叫“圣瓦伦丁节”。据说，公元3世纪时，在罗马帝国有个基督教徒叫瓦伦丁，他因带头反抗罗马统治者对基督教徒的迫害而被捕入狱。狱中，瓦伦丁得到典狱长女儿的悉心照顾，两人产生了爱情。然而，瓦伦丁却未能幸免于难，他于公元270年2月14日被处死。临刑前，瓦伦丁给典狱长的女儿写了一封信，表明了自己光明磊落的心境和一片情怀。自此以后，基督教徒为了纪念殉教者瓦伦丁，便把他殉难的这一天定为“情人节”。“情人节”也就有了“圣瓦伦丁节”这一别称。

欧美国家过愚人节的习俗

每年的4月1日，欧美国家的新闻媒介都会报道一些耸人听闻的怪消息，什么意大利培育出了“牛肉西红柿”啦，瑞士的“面条树”减产将造成世界面条价格上涨啦，在月球上发现了外星人的基地啦，等等。在这一天，很多人都会接到荒唐的请柬、令人哭笑不得的礼物；有的人打电话高呼救命；更多的人在街上化装游行，与路人开一些恶作剧性质的玩笑。但这一切一般过了中午12点以后就都烟消云散了，原来这些都是“愚人节”的惯有把戏。

可以随意开玩笑的西方愚人节

愚人节，也称“万愚节”，是欧美国家民间的一个颇具特色的节日。关于它的来历，长期以来众说纷纭，莫衷一是。

有人认为愚人节来源于古罗马的“嬉乐节”（3月25日），当时为庆祝春天到来，人们在这一天尽情狂欢。到了中世纪转变为宗教节日，直到16世纪以后才成为与人开玩笑、愚弄别人的节日。

也有的说这个节日来源于东方，古印度佛教以3月31日为“欢悦节”，认为在这一天，凡没能认真修行的人就将前功尽弃，恢复本来面目，所以在这一度过难关的日子里要互相打趣寻欢。

另外，欧洲中世纪时，另有一个下层民间的愚人节，时间是1月1日前后，主要活动是聚众游行，并模仿宗教仪式，选举假教皇、假主教。法国作家雨果在《巴黎圣母院》里描写的巴黎愚人节就是这个节日。以后在基督教会的严禁下，不再有模仿宗教仪式的习俗，但这一节日对于近世愚人节可能也有影响。

一般认为，愚人节是历法改革的副产品。欧洲过去以迎春节（3月25日至4月1日）为新年，在迎春节的最后一天，人们为了辞旧迎新，总是互相赠送纪念品。法国在1564年开始采用现行公历（儒略历），新年改为1月1日。但民间仍习惯在迎春节的最后一天赠送一些玩笑性质的假礼品，寄一些假请柬，与缅怀旧历的人开玩笑，逐渐形成了愚人节的风俗，并传播到欧洲各国。就自然季节而言，愚人节时间正当春分节气（3月21日至4月5日），气候多变，好像大自然有意愚弄人类，乍暖还寒，忽晴忽雨。人们为了迎接春天，要举行各种庆祝活动。在迎接春天的节日里，开一些平时不能开的玩笑，做一些无伤大雅的恶作剧，更能增加节日愉快的气氛。因此，愚人节的风俗得以在整个欧洲普及，并影响到全世界。

我国清明扫墓的习俗

清明本是传统农历中的二十四个节气之一，现在清明时节的活动内容，原先却都属于另一个传统节令——寒食节。因为寒食的正日子是冬至后的第一百零五天，恰巧赶上清明，于是它就逐渐和清明混为一体，而前者的习俗也就成了后者的内容。

那么，寒食节为什么会有这些习俗呢？相传春秋时代的晋文公在论功行赏时，漏了有救命之恩的介子推，侯事后想起时，介子推已和老母隐居绵山（今山西介休县东南），再也找不到了。有人给晋文公出了个主意，让他放火烧山以逼出介子推母子。孰

扫墓是我国清明的古老习俗

料大火烧了三天三夜，竟把他们母子俩活活烧死了。为此，晋文公下令改绵山为介山并立庙纪念，又在第二年烧山的这一天通令禁止生火，自己带头吃冷食以表示自责。据说寒食节就缘此而起。节日里，老百姓吃事先做好的冷食如“子推”（枣饼）、麦糕等，在南方则多为青团和红藕；同时又去野外追祭介子推，以寄托对这位功成不居的贤人的崇敬与思念，年复一年便形成了扫墓和踏青的风俗。

这个故事听起来很动人，不过严格地考察一下，似乎靠不住。因为据《左传》、《史记》等记载，历史上的介子推并非死于火焚，而《周礼》中却有暮春禁火的记录，可见寒食节的风俗至少可以上溯到西周初年。同时，寒食扫墓的风俗，也是到了唐朝开元时期才因政府的敕令而获得合法化，当然它的流传则要更早一些，但是也与介子推无关。反之，如果把扫墓同古代的墓祀看作是一回事的话，那么，它至迟在秦汉时就已经产生了，不过并不一定限于寒食的日期。这一点，可以从《汉宫仪》、《论衡》等古籍中找到证明。此外，如踏青游春、插柳植树等活动，或者古时已有之而并不限于寒食清明，或者形成于隋唐而相距介子推甚远，现在我们能够比较谨慎地作出结论的只是，把扫墓、冷食、踏青、插柳等活动相对集中到寒食清明这两个涵义互不相干、日期却密切相关的节期里进行的风俗，大致定型于隋唐时代，迄今也有一千多年的历史了。至于介子推的故事，其缘故和人们把端午食粽赛船的习俗与屈原投江的传说联系起来的道理一样，蕴含了炎黄子孙崇敬先人、不忘根本的特有的民族心态。

美国人的感恩节

感恩节是美国独有的传统节日，也是美国全国的例行假日。

感恩节起源于 17 世纪，当时英国的清教徒由于受到政府的迫害，无法安身，有些人就逃到荷兰。在忍受了几年孤独惆怅的煎熬后，他们中的一百零二人于 1620 年 9 月乘坐“五月花”号木船，离开欧洲大陆，远涉重洋，前往北美，寻找定居的地方。经过六十五天的漂流，他们到达了波士顿附近的普利茅斯。一到北美，他们就遇上了一个严寒的冬天。饥饿、寒冷、疾病伴随着赤手空拳的移民们，一半以上的人被死神夺去了生命。

来年春天，附近的印第安人部落了解情况之后，立刻热情慷慨地送来了许多生活必需的食品、工具，并委派了能干的印第安人前来教移民如何

一年一度的美国感恩节

捕鱼、狩猎、种植和饲养家禽、牲畜等。秋天来临，移民们在印第安人的帮助下经受了考验，获得了大丰收，在这块土地上站住了脚。移民们为了感谢上帝的恩赐，庆祝丰收，于11月的第四个星期四举行庆典，大开盛宴，还邀请了帮助过他们的印第安人前来赴宴，共享丰收的喜悦。从此以后，移民们在每年的这个时候都要举行类似的欢聚庆祝丰收的活动，以纪念他们的艰辛创业。随着移民的不断迁入和向北美各地移居，这个节日逐渐推广并为人们广泛接受。人们称之为“感恩节”，以示不忘移民先驱者艰苦创业造福后人之恩。

美国建国之后，首任总统华盛顿曾下令全国庆祝感恩节。1863年美国总统林肯正式宣布感恩节为国定的假日。感恩节一向习惯在每年11月的最后一个星期四庆祝。为了相对稳定过节日期，1941年美国国会通过一项法令，把感恩节固定在每年11月的第四个星期四，日期大致在11月22日至28日之间。感恩节的假期有四天（从星期四到星期日），而圣诞节仅两天半。可见，美国人对感恩节的重视程度。

在美国，感恩节是合家团聚欢庆的日子，节日期间还有热闹的公众活动，其隆重程度类似于中国人过春节。感恩节的晚餐非常丰盛，也最为人们看重。必不可少的菜是烤火鸡肉和南瓜馅饼。烤火鸡是用整只的火鸡，肚内填满切碎的核桃仁、玉米、香肠、洋葱、葡萄干末，然后烤制而成，最后再浇上肉卤汁，酥脆可口，令人大快朵颐。

风靡世界的圣诞节习俗

每年12月25日，是督教徒纪念耶稣诞辰的日子，称为圣诞节。相传公元前1年冬天的一个夜晚，耶稣基督诞生在耶路撒冷伯利恒的一个牲畜棚的马槽里。据说，耶稣是圣母玛利亚受圣灵感应怀孕而生的，他是上帝之子，为拯救人类才降临人间。由于耶稣主张平等、博爱，反对当时的奴隶主统治，最后被统治者以“称王惑众”的罪名钉死在十字架上。教徒们为了寄托悼念之情，每年都要举行纪念仪式。

开始时，各地基督徒纪念耶稣的日子不尽一致。直到公元354年，罗马天主教会规定，每年12月25日为耶稣诞生纪念日，从此，奉行同一历法的基督徒就有了统一的圣诞节。12月25日又是古伊朗神密特拉（太阳神）的诞生日。公元4世纪前，以冬至为始的纪念太阳神的活动是人们普遍重视的节日。基督教会把圣诞节定于这一天，除了表示耶稣的降生就是太阳的再生之外，还带有借助民间信仰的力量来增强基督教号召力的因素。因此，圣诞节从一开始就与世俗生活密切相关，成为基督徒和非基督徒的共同节日。随着基督教影响的扩大，圣诞节也就成了欧美流行的节日活动。

由于圣诞节既有浓厚的宗教色彩，又扎根于世俗的土壤，因此，圣诞节的传统习俗特别丰富多彩。

圣诞树是节日中不可缺少的标志。这一习俗始于16世纪，关于它的传说众说纷纭。较流行的说法是，一位农民在圣诞夜接待了一个贫苦儿童，儿童临走时折下杉树枝插在地上，说：“年年此夜，礼物满枝，留此美丽杉树，报答你的好意。”从此，圣诞树就作为欢乐和幸福的象征，成为圣诞节的重要标志。

圣诞老人是节日活动中最受欢迎的人物

圣诞老人是节日活动中最受欢迎的人物。这位白须红袍、驾着鹿橇、能满足孩子们心愿的老人相传是主教圣尼古拉斯的化身。尼古拉斯曾把三袋金子偷偷送给一个穷商人的女儿作嫁妆，其中一袋从窗户扔进去，恰巧掉在晾在壁炉上的一只长统袜中。于是，天真的儿童总是在入睡前把鞋袜放在炉边，以便盛放圣诞老人赠送的礼物。

圣诞卡在节日中带给人们快乐与

友情。据说，1844 年英国维多利亚女王和太子阿尔波在伦敦的温莎堡庆祝圣诞节，邀请王族儿童入宫参加宴会，柬帖上印有祝贺的词句，从而为人们仿效。互赠圣诞卡的风俗至今仍盛行不衰。

还有许多习俗与宗教活动有关，如基督徒在节日里全家到教堂做礼拜；长者要给儿童讲耶稣故事；圣诞夜有圣歌队报佳音；还有人在家中用纸搭一山洞，撒些白粉为白雪，置一马槽，放上耶稣像，象征基督的诞生。

在现代，圣诞节的世俗影响已大大超越了它的宗教意义，成了万民同庆的世俗节日。目前，世界上有一百四十多个国家和地区的人民庆祝圣诞节。节期从 12 月 24 日一直持续到来年 1 月 6 日，是全世界持续时间最长、影响范围最广、庆祝最为隆重的节日。

谷物女神与仲夏节

在绚丽多彩、极富魅力的古希腊古罗马神话中，有一个谷物女神色列斯。她把对人类有用的种子撒向人间，她教人们耕耘、收获，她赐予大地以丰饶的物产：树木、花卉、谷物……在罗马尼亚，人们极为虔诚地崇奉她。在人们深情的盼望中，她年复一年地如期而至，越过麦浪滚滚的田野，踏进绿树掩映的村庄，细心地倾听着人们诉说对丰收的期待和对幸福的渴望。

在罗马尼亚人的心目中，谷物女神能给人们带来丰收在望的信息。因此，在小麦开镰之前，每年的“夏至”这一天，罗马尼亚人总要举行祭祀谷物女神色列斯的庆祝活动。这种祭祀早在罗马尼亚人的祖先吉托——达基亚人时期就有，相沿至今，成为载歌载舞、万众欢腾的“仲夏节”。

仲夏节这一天，人们身穿民族盛装，喜气洋洋地走出家门，汇集一处，准备参加盛大的游行。装扮成谷物女神的少女，头上戴着蓬子菜花编织的黄色花冠，身着传统的节日民族服装，外披浓艳的披巾，在人们的欢呼、簇拥下，兴致勃勃地朝前领路。游行时，“谷物女神”常常走向即将收割的麦田，或是去到人烟辐凑的闹市。当此之时，箫吹鼓响，乐声大作，人们围着“谷物女神”跳起传统的民族舞，阵阵歌声随风飘向远方。他们放声地唱着，尽情地跳着，完全沉浸在丰收的喜悦之中。

这“谷物女神”的花冠，为何要用蓬子菜花采编呢？原来，罗马尼亚人把蓬子菜花看作谷物女神的化身。传说在远古的时候，在一个春末夏初的夜晚，漫山遍野的蓬子菜突然绽开黄灿灿的花朵，就在这一年，小麦丰收了。从此，平平常常的蓬子菜异乎寻常地赢得了人们的喜爱。人们对蓬子菜另眼相看，盼它开花——开出希望、吉祥之花，一旦那黄色的花朵映入眼帘，人们就犹如看到了丰收的景象而喜形于女神色列斯。

西班牙的传统节日

西班牙各地有许多反映当地居民古老习俗的传统节日。在这些节日中，潘普洛纳城的圣费尔明节和巴伦西亚的篝火节可能最具特色了。

潘普洛纳城每年从 7 月 7 日开始举行为期十天的圣费尔明节。节期中最精彩的一个节目是“跑牛”。举行这个节目时，从牛栏里放出一头头健壮的公牛，它们跟在一群小伙子后面狂奔乱跑，横冲直撞，穿过大街小巷，直奔斗牛场。一路上人追牛赶，互不相让。有些年轻人甚至伸手去拉牛犄角，故意挑逗公牛发怒。他们边跑边闹，其中难免有人会被牛角撞倒，甚至流血负伤，但青年人的勇气丝毫不减。全城的居民和旅游者则为之倾倒。人们或聚集在街头巷尾，或居高临下从窗户里探出身子为青年人喝彩加油。欢呼声震耳欲聋，人牛之间争勇斗悍的场面构成一幅雄壮而美妙的图画。西班牙的斗牛在世界早已闻名遐迩，但是如此壮观的斗牛场面则只有圣费尔明节中才能观赏到，这就是这一节日能够吸引大批外国游客的魅力所在。

西班牙第三大城市巴伦西亚的篝火节每年 3 月 12 日开始。在一周的节日期间，巴伦西亚的大小广场、街头巷尾都布置着用木头、纸帛扎制成的人兽车马、花鸟虫鱼、亭台楼阁，千姿百态，形象逼真。高者数丈，气势宏伟；小者只有手指般大小，精巧玲珑。其中还有一些滑稽幽默的人象，用以讽喻和抨击社会弊端，制作得惟妙惟肖，辛辣而逗人。篝火节还举行评奖。节日期间，彩扎场所禁止交通，人们在那里欢歌漫舞，如醉如痴。直到 3 月 19 日深夜 12 点，人们把扎制的全部模型同时点燃，火光四起，越烧越旺。顷刻间，全城通明，如同白昼，表达出人们用火送走寒冬和迎接新春的心愿。

西班牙人的篝火节

西班牙的传统节日奔牛节

每年2月，西班牙各地都要举行狂欢节，人们一反工作和生活的常态，把一切烦恼和忧愁都置之脑后，尽情地欢乐和喧闹。马德里狂欢节的化装游行，以一个戴灰头盔的人点燃第一枚礼花开始，队伍像一条五彩缤纷的长龙在欢腾的人海中穿行游弋。数千名参加者化装成各国的现代和历史著名人物，化装成童话中的仙女、王子以及海盗、小丑，随着乐声翩翩起舞，或做出各种逗人发笑的动作。各色彩车和标语牌以及琳琅满目的装饰令人目不暇接。一到晚上，则有更多的人戴上各种假面具上街跳舞。分不清男女老幼，辨不出身份的高低贵贱，一时，整个马德里好像沉入梦幻之中。

马德里狂欢节的最后一个节目是“沙丁鱼葬礼”。这一天，身着丧服的妇女和头戴大礼帽、身穿披风的男人要举行隆重的送葬仪式。走在送葬队伍最前面的是用彩色金属片制成的各式沙丁鱼模型和标语牌。一路上，送葬的人们又哭又笑，叫喊着徐徐前进。有人还从卡车上给路旁群众分发糖果和饮料。到达墓地后，人们在一片嚎啕的哭声中将盛有死沙丁鱼的小棺材埋入地下。接着，人们围着墓地又唱又跳，他们就这样埋葬了象征着不吉利的沙丁鱼。

西班牙内地村镇的狂欢节更是别具一格。位于中西部的卡塞雷斯省的一个村子，在狂欢节期间要举行逮捕、审判和治理马诺洛木偶人的仪式。据说，马诺洛木偶人象征着当年从美洲发迹归来的富人。他们用这种形式来鞭挞那些花天酒地、烧杀奸淫、作恶多端的殖民者。

在西北部奥伦塞省拉萨村的狂欢节上，中心人物都穿着饰有花边、花穗的羊毛裤和短大衣，腰间还系着六个铃铛。他们挥舞着手中的羊皮鞋，跑遍村子的各个角落，抽打一切可及的人和物。据说，羊皮鞭能驱邪洁身，因此，人们都愿意被打着。到第三天晚上8点左右，一个身穿羊皮袄骑着毛驴的人向全体村民宣布一年来村内发生的大事，这被称为“驴嘱”（据说，当地居民把毛驴看作见多识广的能者）。一年一度除旧迎新的传统仪式在欢呼声中圆满结束。

情趣盎然的芬兰仲夏节

在芬兰，按常规，6月20日至26日之间的那个星期六是仲夏节。这时是白昼最长的时候：南部白昼长达二十小时，北部则日不落。

仲夏节原是纪念耶稣的门徒、施洗者约翰的诞辰而举行的古老宗教节日。如今，它已经没有多少宗教色彩，而成为民间庆祝光明和万物繁茂的节日。芬兰各地每年都在仲夏节前夕举行各种活动，庆祝仪式热烈，而且情趣盎然。

赛乌拉萨里岛是芬兰首都赫尔辛基市欢庆仲夏节的活动中心。小岛坐落在赫市的西南部，是个露天博物馆。岛的四周碧波涟漪，岛上绿树婆娑，奇花争艳。仲夏节前夕的赛岛更是绚丽多彩，人集如云。

按照传统的习惯，岛上各处用嫩桦树枝装点起来，象征着生机、兴旺，不少人穿上古老的民族服装。妇女内穿手绣白衬衣，外着色彩鲜艳的竖条格无袖连衣裙，头系一条丝彩带；男人则是白衣黑裤，外罩黑坎肩，头戴黑礼帽，脚蹬黑靴，腰挎腰刀，气质粗犷。小乐队和民间舞蹈队分布在各处，人们在音乐声中翩翩起舞。

饶有兴味的是，土路两旁每隔一

芬兰人在庆祝仲夏节

段都设有一个小摊。俊俏的青年男女装扮成古人，实地表演原始的手工艺。芬兰人在中世纪时就学会使用亚麻，到18世纪已向外国出口亚麻制品。在赛岛，人们看到古代加工亚麻的方法：将晾干的麻用木制的碾轧器捣碎，然后用麻棒敲打，再用栉梳梳通，最后是纺麻和用麻织布。模仿古人的草编、缝鞋、制毡帽、弹康特林琴的表演，同样令人感兴趣。表演者神态自如，动作娴熟，真实地再现了古代芬兰人民的劳动和生活。

他们用原始的方法烤香肠：整个树干中心被掏空，截成剖面再合拢起来，上下点起微火，人们用铁叉子将香肠伸入火中。烤烟熏得人眼泪汪汪，但他们宁可不断地用手抹泪，也不肯离开。看来这是一种特殊的享受。

娱乐节目丰富多彩。白发苍苍的老人和逗人喜爱的孩童一起拔河、套圈。还有人踩高跷、跳跳板。

最精采的要算点篝火，这是仲夏节最具有代表性的节目。在暮色降临时，一堆堆篝火在湖边点燃，很有诗意。据说，古代人就靠篝火来驱逐邪恶，给人间带来光明和温暖。赛岛湖中央的岩石礁上的篝火，更引人入胜。中间是主篝火，用金属架和旧船、树枝搭成，足有几十米高。周围簇拥着代表全国各地区特色的小篝火。大约晚上 10 点 20 分，赛岛教会的小船载着一船人缓缓划向篝火，先将一个个小篝火点燃。这时，岸上观众欢呼声四起。10 点 30 分整，一只小船将一对新婚夫妇送到篝火前。他们从去年在这里结婚的夫妇手里接过火把，点燃主篝火。火势冲天，映照着湖面。岸上人于是载歌载舞，庆祝活动达到高潮。

由一对新婚夫妇点篝火是老传统。仲夏节最有浪漫色彩的节目是青年男女在这时选婿择偶。岛上有一座有一百多年历史的古教堂，每年这时人们都选送一对情侣到教堂举行结婚仪式，游客纷沓而至，表示祝贺。这种风俗由来已久。旧时芬兰农村有一个说法：如果篝火烧得一下子倒塌，就预示着村里的姑娘婚事如意；如只烧倒了一半，则意味着有一半姑娘嫁不出去。

不可否认的是，在现代化的芬兰，像仲夏节这样具有浓厚民间风情的传统活动居然能够保留下来，是很难得的。

尼泊尔的德赛节

德赛节是印度教的一个圣节，时值秋谷登场的前夕，即尼历六月新月第一天至望日，相当于我国农历九月初二至十六，历时半个月。是尼泊尔人民最愉快的时刻。

“德赛”，尼文的意思是“十天”，即指印度教中信徒较多的神祇之一——难近母女神，奋战马喜沙苏恶魔的十个昼夜。这位身着红袍，乘骑雄狮，长着九双巨手，各执不同兵器和法宝，具有十种化身的降魔女神，以众天神为后盾，经过十天鏖战，终于杀死了恶魔，拯救了天国。为了纪念这位女神的功勋，尼泊尔王国尊她为“神圣的保护者”。

宰牲敬神，是德赛节期间最隆重和最普遍的传统祭典。遍及加德满都市的几十个难近母女神庙，热闹非凡。牵着山羊、抱着公鸡的人们，有秩序地进入殿堂，在十几位法师朗朗诵经声中，依次在女神面前砍下牲头，置于祭盘，将鲜血洒向神像，顶礼膜拜以后，踏着血泊，欣然离去。

军队也宰牲祭军旗。在军队驻地院内，按尼泊尔王国七个现役旅的军

尼泊尔的德赛节，一名女孩儿在鸽群中嬉戏

旗，分设七个宰牲场地。王室的代表前来主持仪式，在雄壮的军乐伴奏下，军队的高级将领列队行军礼。礼毕，在身穿红衣的法师陪同下，王室代表给一头黑色山羊行圣水洗礼，即先在羊头上点红，然后往羊身上洒冷水。依尼泊尔的习惯，摇头表示同意。当羊欲抖掉毛上的水，颤动全身，摇头摆尾时，这就表示同意被宰。这时两个动作利落的士兵抓住山羊一头一尾，训练有素的屠宰手早已做好准备，刀光一闪，羊头落地。两名军人随即拉着没了脑袋的羊绕场一周。最后，乐队再次奏起军乐，卫队鸣枪助威。军队首长参谋长用沾着牲血的手，给各旅军旗按上手印，祭旗仪式宣告结束。这一仪式表示，在难近母女神的保护下，即使遇到像马喜沙苏恶魔那样法力无穷的敌人，也同样能战而胜之。

德赛节的第九天是“点红节”。这天，每个家庭的长者为家庭成员和小辈点红，即把朱砂、大米、花瓣等吉祥物搓揉在一起，贴于前额正中，以表吉祥之意。

这天下午，国王和王后在王宫举行点红活动，为广大官员和臣民祝福，使节日的庆祝气氛达到高潮。王宫内的广场用国旗装饰一新，六名骑着高头大马的仪仗官肃立正门，显得十分庄重。文武百官穿上节日的礼服，在王宫左侧列队等候。右侧是广大臣民，其中有衣着端庄的知识分子，有手脚不便的残疾人，有百岁老人和怀中抱着的婴儿，也有衣衫褴褛的贱民，凡自愿前来的人们，均能得到国王和王后的点红。下午 3 时正，军乐队奏起了欢快的乐曲，国王站在广场一个高于地面 30 厘米、铺着红地毯的平台上，每个接受点红的人走近国王时肃立行礼，把脑袋略往前倾，国王用蘸有朱砂的右手大拇指点其前额正中，留下一个深红色的吉祥痣。妇女们直奔王宫里面，接受王后的点红。这一活动延续到下午 5 时方止。

墨西哥的面包节

面包节是墨西哥一个比较盛大的民间节日，也叫圣·安东尼奥节，它是墨西哥米却肯州和格雷罗州的农牧民为表彰替当地人民做过好事、受到人们尊敬的人而规定的日子。受表彰的人物称为“节神”，由各村庄和牧场的代表共同协商选举产生的。面包节每年举行一次，日期并不固定，一般就是受表彰者诞生的日子。1982年3月5日举行的面包节是为女教师盖娅举办的，她的诞生日是3月5日。女教师盖娅在农村和牧区创办了一所农村小学，并亲自在这所学校里为农牧民子弟上课，在农村教育事业上做出了很大成绩，受到当地农牧民的普遍爱戴和尊敬，因此被选为这届面包节的“节神”。

墨西哥面包节上的600多米长的巨型面包

节日前夕，到处是一派繁忙的景象，妇女忙着准备各种美味的糕点和佳肴，诸如油炸面包圈，香气扑鼻的米却肯甜饼、传统的烤肉，用猪里脊肉和辣椒做的油炸卷，还有那有名的蕉叶玉米粽子等，这些都是面包节的必备“供品”。男人有的在杀猪宰羊，有的在布置节日的“供品台”，青年男女在加紧练习歌舞和排练伴奏的乐曲。

节日期间，所有的村庄、牧场都充满喜气洋洋的气氛，由男女老少组成的歌唱队的歌声和吉它的欢快伴奏声在很远就能听到。当你走近时，映入你眼帘的便是披红戴绿的人们纵情歌舞的场面。那些吉它弹奏者踩着乐点跳跃的舞姿更是优美动人。在舞场的中央，摆放着一排长桌，桌面都用由妇女的巧手编织的漂亮桌布遮盖着，上面摆放着节日的“供品”——各种美味小吃，四周还用各色各样的天然鲜花装饰一新。真是花团锦簇，气象万千。人们在尽情欢舞一些时间之后，便同他们崇敬的“节神”一同分享节日的果实。人们聚桌吃完供品之后，便进入最激动人心的时刻——节日的高潮。一对对抬着盛满面包的篮子的妇女和儿童一齐从人群中走出，来到舞场中央。儿童把篮子中的面包圈一个接一个地往“节神”脖子上套挂，直到（他）她的胸部被面包圈遮满方休。这种面包圈是特制的，它象征着纯洁的农牧民对他们的崇拜者的忠诚和爱戴。由于这个原因，人们才把这个节日叫做“面包节”。

这个仪式举行过后，节日遂告结束。这时，“节神”把脖子上和胸前的面包圈一个个地取下放到一个大礼品盒中，再往盒内放入一些用巧克力做的糖球，然后由妇女代表把这个礼品盒送往“节神”指定的地点（指“节神”的最心爱的人和亲友的所在地）。送礼品盒的妇女也享有一种特权：可以将礼品盒中的一部分面包圈分送给那些崇敬和爱慕她们的男人，或是带回家送给她称心如意的丈夫。

缅甸泼水节

泼水节是缅甸人民的传统佳节，相当于我国的春节。一般在公历 4 月 13 日前后，这在缅甸正值盛夏之际，可想泼水是何等快乐的活动。古时候欢庆三日，现在热闹五天，有些地方甚至长达六七天。据缅甸古籍记载，泼水节始于古代太公王朝的释迦王时期。据缅历六五三年（公历 1291 年）蒲甘城苏拉温塔碑记载，早在蒲甘王朝时期，缅甸就有欢度泼水节的传统。缅甸著名史书《琉璃宫史》记载了蒲甘王朝那罗梯柯波帝王在仲夏之时，同王后和其他皇亲国戚在江边搭盖彩棚泼水嬉戏的情景。现在，泼水节期间，家家户户都在门前摆着盛满清水的大桶小桶。在一些主要的路口设有泼水站，彩棚里除了摆着装满水的大铁桶外，还设有抽水龙头。

缅甸的泼水节现场

泼水节的头两天，主要角色是少年儿童。他们兴高采烈，用水泼洒路上的过往行人，他们相互之间也泼水斗趣。老人们在这两天却带着节日的食品，到寺庙和佛塔斋僧；年轻人则聚集在一起，准备节日的服装、装饰游行花车、练习说快板等。

泼水节的第三至第五天，主要角色是青壮年。他们人人身着艳丽的服装，乘坐装饰成孔雀、妙翅鸟、天鹅、宫殿、鸳鸯等各种形状的花车，沿街游行，载歌载舞。老人和小孩争先恐后，观看花车表演。花车每到一处彩棚，都要停下来比赛说快板、跳舞，还要比赛花车的装饰水平。优胜者往往捧着大奖杯，高高兴兴地离去。这几天，也有许多青年男女乘坐一般的汽车，绕城参观或到名胜古迹去欢度节日，一边看热闹，一边让人泼水。

热闹非凡的缅甸泼水节

现在，泼水有多种形式，除了整桶、整盆或整瓢的泼洒以外，还有用水龙头喷、甚至用塑料袋水球攻击，既有一般的清水，也有用冰块泡过的凉水和掺了开水的热水。当然，这些做法是狂欢的表示，并没有什么恶意。被泼着的人，有时连气都透不过来，有的身上被泼得红一块，青一块的，真是苦、辣、酸、甜各种滋味俱全，既高兴又难受。不过，一般给长者、贵客和亲友泼水时，还是比较文雅、讲究的，要用番樱桃嫩枝叶，从银钵中蘸取浸有玫瑰花瓣或香水的清香净水，轻轻抖洒在对方身上。节日期间，不分男女老少，都可以互相泼水。人们一出门，就会被水泼得湿淋淋的，所以每天总得换几次衣服。

缅甸人把新年泼水，看成吉祥和幸福的象征。它不仅可以驱暑祛热，除灰去污，洗刷一年的疲劳和辛苦，还能消灾纳福，忘却烦恼，增添生活的信心和力量。当清凉的吉祥之水泼洒在身上，人们总是愉快地认为，快乐和幸福将伴随他们度过新的一年，因此，被水泼得愈多愈高兴。缅甸的泼水节，还有祈求风调雨顺、五谷丰登、人畜兴旺、健康长寿之意。所以泼水节期间，举国上下沉浸在欢乐之中。缅甸首都仰光、古都曼德勒和名城毛淡棉这三大城市，是泼水节过得最热闹的地方。

按照缅甸的习俗，在泼水节后的第一天，要举行“放生会”。人们尤其是妇女，要买数目和自己年龄相符的小活鱼（一岁一条），放在土瓮里，顶在头上排成队，前往寺庙和塔的放生池或市区较大的江、河、湖泊、池塘放生。此外，将甲鱼、麻雀、八哥等一类小动物放生的活动亦较为常见。佛教徒认为，放生是一种行善积德的行为。

菲律宾的五月花节

菲律宾是东南亚唯一的天主教国家，那里传统的宗教节日很多，而五月花节是他们最隆重、最热闹的节日。由于它是在百花盛开的5月份举行的，所以叫五月花节。虽然这是一种宗教迎神庆典，但实际上已经成为劳动人民庆祝丰收的节日活动。每年的5月，菲律宾全国各地以各种不同的形式来庆祝五月花节。

在首都马尼拉以及其他一些城市村庄，最常见到的是由一对对少年男女扮成的淑女、绅士组成的游行队伍，人们称之为“圣大克鲁斯山”游行。“圣大克鲁斯山”即“寻十字架”之意。据传说，公元3世纪时，罗马皇太后圣埃琳娜在去朝圣的路上，发现了耶稣被钉死的地方。她命令随行人员从地下挖出了当年钉死耶稣的钉子和十字架。后来，这个十字架奇迹般地治好了一位妇女的重病，从而证实这是真正的钉死耶稣的十字架。传说的“圣大克鲁斯山”游行便是为纪念这事件而举行的庆祝仪式。当时，游行队伍中最引人注目的是装饰得十分精致的大十字架。后来，为了使庆典更具有魅力、更有风趣，人们便挑选一些漂亮的少女与青年扮成各种圣女与神的形象，其中最突出的便是扮饰圣埃琳娜的花后了。这样，“圣大克鲁斯山”的“十字架”含意就消失了，而代之以圣埃琳娜花后手中的小十字架。

菲律宾的“五月花”节

游行的组织者一般为地方上有名望的、较富裕的长者，人们称他为“老大哥”，由他负责筹备庆典费用和挑选本地的美男美女，其中长得最美的少女扮成圣埃琳娜花后，排在队伍最后，她的身旁是最漂亮的青年以及身佩宝剑的陪童。所有美女身穿鲜艳华丽的特制晚服，头戴金银翠玉镶嵌的皇冠或罩着绣有花边的头纱。这些花后都由穿着节日盛装的美男子陪伴。游行队伍两旁是手持蜡烛的群众，还有弹着吉它等乐器的人们。跟在后面缓缓行驶的是放有圣母塑像的彩车。队伍从主持人家里出发，浩浩荡荡，边走边唱，直至教堂。游行结束后，所有参加者都回到组织者家里来。主人用各种鲜果以及本地的特色食品款待众人，同时还举办各种游艺活动。

在吕宋岛的巴拉干、新怡诗夏等省的村庄，是以精彩的赛牛仪式来庆祝五月花节的。节日之前，村民们便忙碌地为自家的耕牛洗澡、剃毛、修整、磨角。节日一到，便给耕牛打扮起来：头戴鲜花编成的花冠，身上缠着花花绿绿的彩条，穿上了节日盛装。村民骑着各自的牛，先到教堂前，请神父为之祷告。接着，便绕村镇游行一周。群牛游行时，其后通常还跟着一辆辆载着丰收之果的木板车。最后，队伍来到广场，把装扮最美、身体最强壮、个头最大、牛角最长并且最驯服的牛选为最佳耕牛。评选结束后，便开始赛牛。披着盛装的耕牛从广场的一端起跑，终点是教堂。这些耕牛似乎颇解神意，一到终点，便齐齐停下，等待神父再次为它们祈祷，祝福来年取得更大的丰收。

在五月花节庆典活动中，有的地方举行一种叫“巴希亚斯”的庆祝仪式。届时，家家户户在门前或窗前悬挂起他们收获的谷物、水果、蔬菜以及镰刀、草帽等。这些物品都用彩色纸条或树叶装饰成各种有趣的形状。每家还制作当地的风味食品，用以招待客人。晚上，人们有的抬着放有圣母塑像的彩车，有的拿着点燃的蜡烛。上街游行。他们边走边念祷文或唱赞美诗，感谢神的恩赐，并祈求来年丰收。游行结束，人们以丰盛的菜肴招待亲朋好友，并把所有门前及窗户悬挂的东西散发给客人及孩子们。因此，这里的五月花节也是最受孩子们欢迎的节日。

印度的灯节

印度的灯节每年在气候宜人的10月至11月间庆祝，即印历八月见不到月亮之后的第十五天。这时候使人窒息的盛暑消退，一年中最宜人的季节就要来临。商人们都习惯在这天更换新账本，以求开市大吉，财源茂盛。因此，一些印度人把灯节说成是他们的新年。灯节的庆祝活动长达半个月之久。在此期间，各公园、庙宇、商业中心、广场布置得像御苑仙境一般，文艺节目也丰富多采，引人入胜。公园内，人山人海，熙熙攘攘。一队队头戴金色船形帽，身穿金色闪光服装的乐队，盘腿坐在临时搭起的小楼上，吹奏着悠扬的乐曲。到处是出售灯笼蜡烛、焰火鞭炮、节日礼品的摊床。各地方风味小吃的摊贩们更是忙得不亦乐乎。园内还有算命先生和巫师搭起的帐篷。各种文艺节目，如：舞蹈、骑象、玩蛇、要狗熊和游戏，使人目不暇接。每晚定时放三次焰火，焰火绑在几根高杆上，点燃一根，火花便穿梭放射，其他杆上的焰火也腾空而起，现出满天瑰丽的彩花。

庆祝灯节的活动，在女财神拉克希米庙内更是热闹异常。这是印度德里的一座宏大的印度教庙，四面八方的印度教徒都来这里朝拜。灯节期间，庙内外人如潮，歌如海。虔诚的印度教徒们，赤足鱼贯进入庙内，庙宇的前院坐落着三座殿，拉克希米·纳拉因殿位于中央。信徒们向偶像双手合十致敬，有的还匍匐膜拜，献上鲜花和纸币。庙内的祭司赐给信徒们"圣水"，信徒们接在手中，当即饮下或撒在头上，以期未来诸事如意，财运亨通。院内充满节日的气氛，一队队乐师盘腿席地而坐，边演奏边演唱颂敬神仙的歌曲。教徒们围着乐师和着乐曲，也低声吟唱，表达对神的崇敬之情。

印度的灯节，每一盏灯都带着不同的愿望

在各热闹的广场上还有叙述灯节来历的舞剧和其他精彩的文艺节目。

关于灯节的由来，根据公元前2世纪的印度史诗《罗摩衍那》记载：罗摩战败了十首王罗波那，返回京城时，家家户户都在门外点灯，欢迎他凯旋。所以这天就成为灯节，一直延续至今。关于灯节，还有一些说法。有的说，这天是司掌人间财运的女神拉克希米巡行人间的日子，拉克希米女神喜欢光明，于是盼望幸福的人们便把房间收拾得干净亮堂，晚上点起灯来，其慧眼所至，财运也就伴随而来。也有人说这天是大黑天神克里希南战败恶魔那拉卡苏，把人们从暴政下解救出来的日子，人们为了庆祝胜利，迎接光明，于是高兴地点灯、放焰火。

灯节之夜，家家户户的门口窗前、庭院屋顶，都亮着灯。有五光十

印度的妇女在摆放明灯

色的彩色电灯，有绚丽多姿的花灯，有小小的蜡烛，还有别具特色的小油灯。举目望去，灯若繁星，一直延伸到天际，构成了一幅美丽动人的星海夜图。人们在庆祝灯节的时候，喜欢放鞭炮焰火。印度的焰火种类繁多，色彩艳丽。有对空喷射的“石榴花”，还有类似我国的“雷鸣电闪”、“五彩争艳”、“天女散花”等。入夜，大人小孩都喜气洋洋地燃放焰火，明珠迸射，把茫茫的夜空照得通明。

尼泊尔的女人节

相传尼泊尔的女人节是纪念喜马拉雅雪山神女巴尔沃蒂抗拒父亲的包办婚姻，终于取得胜利的节日。

传说，一位媒人来到雪山喜马拉雅家里，劝说喜马拉雅把才貌出众的女儿巴尔沃蒂嫁给毗湿奴大神。喜马拉雅看到女儿业已成年，就应允了这门亲事。然而，聪颖而漂亮的巴尔沃蒂却在日夜思念自己的心上人——湿婆，并为此而苦苦修炼，发誓非湿婆不嫁。但是，父亲包办的婚姻就要举行婚礼了。巴尔沃蒂十分焦虑。这时，巴尔沃蒂的一位女友自告奋勇，愿为巴尔沃蒂实现自己的愿望效力。她把巴尔沃蒂藏到了谁也找不到的地方。娶亲的日子到了，新娘却失踪了。媒人和新郎只好扫兴而归。湿婆神被巴尔沃蒂的矢志不渝的爱情感动了。他突然出现在巴尔沃蒂的面前，答应同她结婚。喜马拉雅十分疼爱自己的女儿，事已如此也就答应了女儿的这门婚事。巴尔沃蒂寻求自由婚配的愿望终于实现了。这天正好是尼历五月二日。从此，湿婆同雪山神女真挚的爱情故事就流传下来，成为现在一年一度的女人节。

尼泊尔妇女的社会地位不高，除从事家务、侍奉丈夫、生儿育女外，还要承担耕织的重负。女人节实际上成了尼泊尔妇女获得短暂解脱的日子。政府规定妇女节这天，全国妇女放假一天。妇女节的前一天，所有的女人都可以尽情地享用平常吃不到或舍不得吃的食物，可以穿上平常穿不上或舍不得穿的好衣服。同时，女人们还把最好吃的东西分送给自己的女儿、女友和女亲戚，共同分享节日的

奇特的尼泊尔女人节

快乐。

女人节这天一早，女人们个个打扮得艳丽多姿，载歌载舞，成群结伴地到湿婆神庙朝拜。这天，无论市区，还是乡下，到处都可以看到花团锦簇、千姿百态的妇女。女人们在湿婆庙前的圣河里一边嬉戏，一边圣浴，尔后认真地、一丝不苟地进行传统的宗教仪式。已婚的女子圣浴后，还要在家里精心建起祭坛，对象征湿婆的“林伽”装饰打扮，为湿婆和雪山神女唱赞美歌。其后开始为期一天的斋戒。斋戒期间，多数已婚妇女都要为丈夫祈祷勇气、智慧和力量，并为子女的健康、家庭的和睦和幸福祈祷。这天对未婚的成年女子更显得格外重要。未婚的女子希望自己未来的婚事也能像巴尔沃蒂女神一样，得到意中的男人而圆满幸福。所以，未婚女对湿婆的祈祷十分认真、虔诚。祈祷完毕，似乎完成了一年中的最大一件事情。她们打扮得花枝招展，相聚在一起，或歌舞，或嬉戏，或荡秋千。当然也有人像巴尔沃蒂女神一样去同自己的情人约会。

尼泊尔的妇女节也是对妇女进行经期卫生教育的传统节日。尼泊尔女子在月经初潮之后便被认为已经成年。成年女子才可以穿沙丽，并开始料理家务，从事劳动。行经期间的女子被认为是“晦物”、“不洁的生灵”，是不可接触者。女子在行经期间必须回避他人，躲在屋内，不用做饭、敬神。已婚女子在此期间不可接触丈夫。

在女人节上的尼泊尔妇女

这里有个广为流传的故事：从前有个叫泽亚斯丽的女人，对教规教义置若罔闻，在行经期间依旧东游西逛，在厨房里东摸西摸，甚至在房事上也不检点，终于犯了背逆教规的罪过，受到惩罚。其男人变成了一头公牛，其本人变成了母狗。两人一同转世在其儿子家里。一天，儿子正在为已故的父母做祭品，突然，一条毒蛇将毒汁喷到了祭品上，儿子并未发现。按传统的习惯，全家人都要吃供过的祭品，以示得到被祭者的祝福。母亲不忍看到儿子全家遭到不幸，就用舌头舔了祭品。可是转世为母狗的母亲却遭到儿媳的一番毒打。晚上，母狗对公牛讲了白天发生的事。公牛叹了口气说：“儿子的孝心是好的，可惜全都白费了。”不料儿子懂得兽语，马上端来饭菜让公牛和母狗吃了个饱。后来儿子四处求仙为父母解脱，终于使父母升了天堂。从此，妇女在行经期回避他人的习俗，就流传下来，妇女节也就成了普及这种传统教育的一种形式。

德国的狂欢节和十月节

狂欢节是德意志人民的一个重要的传统节日，有着悠久的历史。很早以前它是农民的春节。在冬去春来之际，人们举行各种活动，例如假面具舞会、化装游行、唱歌、甩鞭、摇铃等等。他们采用这种欢乐热闹的方式一方面庆祝丰收，另一方面驱逐严冬和妖魔鬼怪，迎接春天的来临，同时也祈求神灵赐给人们幸福。

德国的狂欢节

到了14世纪，在天主教盛行的地区，狂欢节被固定在封斋节以前举行，使教徒们在封斋节以前尽情欢乐，大吃大喝一番。时间大约在公历2月下旬或3月上旬。实际上现在狂欢节已经没有了宗教色彩，而是广大人民群众的传统节日。参加狂欢的人来自各个阶层。按照宗教年历，复活节前四十天为封斋节。封斋节第一天为星期三，被称为灰星期三。在这以前的六天是狂欢节的高潮，即从上星期四到这个星期二。星期四那天是“女人狂欢日”，也叫“女人当权日”。在这一天妇女们可以为所欲为，男人们则必须恭恭敬敬、俯首帖耳，听任摆布。平时一向严肃、文雅的妇女到了这一天都一反常态，随心所欲，泼辣嬉戏。她们向男人们发号施令，也可以和任何一个男人接吻，甚至剪男人的领带作乐。更有趣的是，在有的城市，妇女会在这一天化装后结队冲进市府大楼，闯入市长办公室。市长必须把象征权力的钥匙交给她们，并请她们登上市长的宝座，以表示由她们接管了市政府的权力。这种象征性的和喜剧性的权力交接仪式每年在狂欢星期四都要举行一次，非常有趣。

十月节的起源。1810年10月12日，巴伐利亚的王储路德维希与萨克森王国的特蕾泽·夏洛特·露易丝公主举行盛大的婚礼。王储的父亲约瑟夫决定为他儿子的婚礼举行为期两天的庆祝活动。为了表示国王对其臣民的恩典，在这两天的活动中，在慕尼黑有四个地方向全体平民免费供应饭菜和饮料。王国的骑兵卫队还在慕尼黑西南的一个大草坪上举行赛马活动和射击比赛，以示助兴。为了纪念这个节日，参赛的官兵请求国王用新娘特蕾泽的名字来命名这个草坪，从那时起这个草坪就叫“特蕾泽”草地。

由于那次庆典给人们留下了深刻的印象，所以人们建议 1811 年再搞一次全民性的活动。以后就每年举办一次。这就是十月节的起源。它与德国其他的民间节日相比历史较短。

每逢十月节开幕那天，要举行盛大的开幕式和由各大啤酒厂组织的五彩缤纷的游行。开幕式在一个临时搭起的大帐篷里由慕尼黑市市长主持。中午 12 时，在十二响礼炮声和音乐声中，市长用一柄木槌把黄铜龙头敲进一个大啤酒桶内，然后拧开龙头，把啤酒放出来，盛在特制的大啤酒杯中。市长饮下这第一杯，著名的十月节便正式开始了。

在慕尼黑喝啤酒有以下几个特点：一是这里的啤酒质地很好，味道纯正，而酒精含量比其他地方的啤酒要低，仅为 4.5%。二是这儿喝啤酒一般不用小杯子，而是用能装半升或一升的陶罐子或同样大小的玻璃杯。三是在有些有名的啤酒馆里，人们都买装在小木桶里的啤酒。酒桶放在桌上，随喝随倒。木桶不大，可装 10 升啤酒。四是在十月节期间，各帐篷里都由身穿巴伐利亚民族服装的女服务员给顾客送酒。虽然看上去她们都很苗条，但却力大无比，双手可拿十只装满啤酒的大酒杯。

意大利的复活节

复活节是基督教重要节日之一，纪念耶稣被钉死在十字架上后三日复活。复活节除去具有宗教意义外，也有庆祝春天来临的意义。每年春分月圆后第一个星期日为复活节，因此，每年复活节的日期都不相同，一般在 3 月 21 日至 4 月 25 日之间。

在意大利从复活节前一周的星期一就开始庆祝，这一天被称为“树枝的主日”，人们要把植物的嫩枝或嫩芽奉献给上帝，祈祷平安与丰收。节日的前两三天，商贩便开始在市场上出售橄榄枝、椰子叶及其工艺品、鲜花、麦芽和豆芽。教徒们把用椰子叶制成的装饰品和橄榄树枝挂在家里、坟墓及畜栏中，祈求上帝保佑活着的人——人畜两旺，死去的人早升天堂。鲜花、麦芽及豆芽要放在教堂、家庭及路旁墙壁的祭坛上，要祭祀一个星期，直到复活节这一天。在树枝的主日里，人们还要将圣像请出来，把他平放在一个彩车上，圣像周围放着许多鲜花和椰子叶，虔诚的信徒簇拥在四周，夜幕降临以后便开始游行。在这一天教堂里人群川流不息，人们纷纷点燃蜡烛安放在祭坛上，主教或神父主持弥撒，祈祷上帝赐福于人类。

复活节这一天是圣周（复活节前一周称为圣周）节日的高潮，西西里岛的居民尤其重视这一节日。这一天在教堂里做完祈祷后，人们纷纷拥向街头。一个身着黄色连体服、头戴面具的死神，面目狰狞龇牙咧嘴，手里拿着一个喀嗒喀嗒作响的勾魂器，正在街头为非作歹，两个身着红色连体服、头戴面罩、顶部长角的魔鬼也在助桀为虐，他们向被抓住的每一个人要施舍，作为一种赎金，不然就把俘虏带到“阴曹地府”里去。正在死神和魔鬼嚣张的时候，从道路的一端来了大慈大悲的圣母玛丽亚，她将普度众生；另一方向走来了救苦救难的耶稣，他要拯救生灵。玛丽亚和耶稣都站立在彩车上，徐徐向死神和魔鬼逼近，死神和魔鬼既无力抵挡又无法逃脱，最终死于耶稣身旁的天使的神剑之下。死神代表冬天，魔鬼象征疾病，天使杀死他们之后，冬天过去了，疾病被赶跑了，人们在上帝和圣母的赐福下开始了新的春天。耶稣的复活也是春天的复活，祝愿新的一年里人人交好运，家家获丰收。仪式结束后，主办单位向游行及参加庆祝的人分发面包，面包代表谷物，也是新的一年里丰收的象征，是复活节不可少的食物。

参加复活节活动的人们

复活节节庆活动中的教皇

晚上各家各户都要团聚在一起祝贺复活节，亲朋好友之间也互相探访，人们穿上节日服装，喜气洋洋地拿着蛋糕、美酒或彩蛋作为礼物祝贺节日。彩蛋是复活节不可缺少的东西，它被视为生命的象征，因为每一个鸡蛋内都有一个生命，同时它也是吉祥如意、幸福富裕的象征。彩蛋种类繁多，可以分成两大类，一种是用真蛋，一种是假蛋。真蛋是用鸡蛋外边涂上颜色。人们喜欢涂上红色，红色象征着火，而火是代表纯洁和热烈的，也有涂上其他颜色或花纹。许多人在蛋壳上绘画圣经里的故事，这已成为一种工艺品。假蛋一般用糖或巧克力制成，又分实心的和空心的两种。有的家庭在自制的糖彩蛋里放上一枚硬币或干果，谁吃到这个蛋谁在这一年最幸福。在中世纪意大利还有坐秋千过复活节的习俗，秋千在空中荡来荡去，清新的空气洗涤信徒的身体与灵魂，而且秋千可以通往天宫，这部分人不是天主教徒而是被称为奥尔菲派异教徒。今天在佛罗伦萨乌菲奇博物馆完好地保存着描述当时这一习俗的油画。

俄罗斯人的谢肉节

谢肉节是多神教的传统节日，也是欧洲民间的一个重要节期，亦称“狂欢节”、“嘉年华会”。在封斋节之前举行，一般为封斋前三天（耶稣复活节前四十天为封斋期）。封斋期间教会禁止肉食，故人们在此之前举行各种宴饮、跳舞、庆祝等活动，称谢肉节。

谢肉节也是俄罗斯人冬季最欢快、最热闹的节日之一，节期为一周。从洗礼节后即 2 月 20 日开始，每天都有不同的名称。第一天为迎节日，第二天为始节日，第三天为大宴狂欢日，第四天为拳赛日，第五天为岳母晚会日，第六天为小姑子聚会日，第七天为送别日。俄罗斯人欢度谢肉节有自己独特的风俗。相传，谢肉节的来源同祭祀太阳有关，故又称太阳节。过节时，人们吃象征太阳的春饼，欢庆太阳的“复苏”。也有人把烙熟的第一张春饼放在天窗上祭祖。按传统风俗，某些地方要烧麦秆扎的车轮，犹如太阳在烈火上闪耀发光以示迎春。谢肉节期间人们除狂欢宴饮外，还举行各种娱乐活动，如滑雪、乘雪橇、戴假面具跳舞、烧草人、攻雪城、赛马、拳击等。农村还举行迎送谢肉节的仪式。节期的头一天清晨，村民们忙着扎稻草人，并把它们装扮成男女青年的模样，有梳着两条长辫，身穿连衣裙的姑娘，也有头戴草帽、身着长袍、腰束彩带、脚穿椴树皮鞋的小伙子。人们举着象征谢肉节的稻草人在全村游行。最后一

俄罗斯人在庆祝谢肉节

天是送别日，人们用小雪橇把稻草人运往村外烧掉。送别的人们向稻草人鞠躬、假哭、唱送冬迎春的歌曲。

赛马是俄罗斯人最喜爱的游戏之一。节日里人们聚集在赛马场外，观看男孩子们骑着一两岁的小马驹或快马赛跑以及观看成年人的骑马比赛。

每逢谢肉节，城里人举办群众性的游艺会和节日集市。莫斯科河的冰上“蘑菇集市”曾驰名全俄。集市上专售干蘑、咸蘑和各种蔬菜。

节期的最后一天，俄罗斯人有彼此请求原谅过错和扫墓的习俗。这一天，人们在亲友面前请求宽恕自己的一切过错。农妇们带着祭品去为亲人扫墓，请求死者原谅她们以往的过失。

此外，俄罗斯民间送冬节的许多娱乐活动也均源于谢肉节的习俗。

瑞典的仲夏节

每年6月20日至26日之间的星期五和星期六，瑞典举国上下开始了一年一度的仲夏节庆祝活动。仲夏节是瑞典人民的一个古老的传统节日，它的起源可以追溯到公元5世纪。它本来是一个宗教性节日，为了纪念《圣经》里施洗者约翰的生日，约翰在耶稣传教以前即劝人反省错误并痛改前非，还在约旦河中为人施洗，后因指责犹太王而被斩首。他曾慧眼识耶稣，基督教称他为耶稣的先行者。

仲夏节演变到今天，它已成为瑞典规模最大和最有民族传统的民间节日之一，而且它的活动内容也几乎与宗教没有多少联系了。仲夏节当天上午，人们从森林里把又高又直的松树砍下，运回村里的空地上，再用树枝或野花做成的一个大花环或十字架装饰在松树杆上，然后放在广场中央。下午树立彩柱仪式开始时，乐队首先奏乐，用手风琴和小提琴演奏的欢快乐曲响彻整个大地，并从山谷发出阵阵令人心醉的回响。人们身着带有条

一名头戴用鲜花编织的花环的
瑞典女孩儿兴高采烈地参加仲夏节活动

欢度仲夏节的瑞典人民

纹的背心，膝盖处饰有缨穗的马裤等民族服饰，有的人还佩戴上小铃铛。在音乐和号角声中彩柱被树立起来，欢乐的人群一起聊唱祈祷风调雨顺的歌曲，与此同时，人们不分男女老幼在彩柱周围拉成层层圆圈，随着欢快的乐曲跳起民间舞蹈。其中有一种名叫“小青蛙”的舞蹈，跳舞的人要模仿青蛙的动作，并发出呱呱的叫声，动作滑稽，引人发笑，增添了不少节日气氛。按照传统还要举行拔河比赛，这不仅是力量的较量，而且也调动了全体参加者的积极性，不断的“加油”声，使观众和运动员的感情融合在一起。此外，还举行其他娱乐活动，如套着麻袋赛跑等。使欢乐的气氛一次又一次达到高潮。

过去和现在，瑞典的仲夏节都为年轻人寻找伴侣提供了良好的机会，按照传统，未婚少女要在仲夏节前夕到田野或森林里摘采七种不同的野花，睡觉时放在自己的枕头底下。据说，这样她就会在梦中找到自己理想的丈夫。小伙子们当然不会错过追求漂亮姑娘的机会，他们喜欢在姑娘面前表现自己或献殷勤。恋爱中的青年也喜欢在仲夏节缔结良缘，欢乐的场面为他们的婚礼增添了节日气氛。人们还把白桦树枝挂在门口或房间里，以祈祷丰收并保佑全家平安。

瑞典的地理位置靠近北极，部分在北极圈内的地区，冬季是漫长的黑夜，首都斯德哥尔摩虽地处南方，冬天也只有两三个小时有阳光。仲夏节前后是一年里阳光最充足的时候，北方是白夜，南方晚 10 点才是傍晚，因此热爱生活、热爱阳光的瑞典人，在庆祝仲夏节时要歌舞狂欢通宵。

社会文化

人们佩戴护符的习俗

护符或称为护身符，是世界许多民族普遍具有的一种民俗。原始人类相信世界上有着一种神秘的力量在主宰着一切，每件事物、每个事件的发生与结束都与这种力量有着联系。而要消灾避难、一帆风顺，就必须发现这种力量、祈求这种力量的保护。这种力量除了表现于人们崇拜的偶像、图腾等之外，还表现在一些小型的、可以携带的物体上，这些物体就是护符。

用玉石雕刻的护身符

护符可以分为天然物与人造物两大类。天然物中人们采用最多的就是各种晶莹透剔、五光十色的宝石、玉石。西亚及欧洲地区的一些古代民族一直以宝石、水晶、钻石为护符。起源于古巴比伦的西方占星术认为，每个星座的人都有着特定的护符宝石，如双子星座的人应以碧玉、绿柱石为护符之类。还有一种常常当作护符的天然物是人或动物的毛发、爪角。人造物的护符种类繁多，其中最多的是各种金属，尤其是能长期保持光泽的金、银、铜制品。中国汉族民间习惯以黄铜制成锁片、项圈给儿童佩戴，借助黄铜的光泽与“锁”、“圈”字的含义驱邪。基督教徒习惯佩戴金属小十字架，实际上是把十字架当作了护符。中国古代还盛行由巫师或道士在黄纸上画些似字非字的符号，称之为“护身符”，以为携带身上即可避邪消灾。欧洲民间还习惯以一些小玩偶作为护符。如美国影片《魂断蓝桥》中的女主人公罗丝就有一个从不离身的小丑玩偶，影片最后以玩偶跌破在马路上表示罗丝已被社会偏见逼上绝路。日本民间习俗，在家中人出外从军征战时，用一片布片请路人缝针，缝满一千针的布片称“千人针”，认为可以保命消灾，这也是一种护符。

到了现代社会，护符大多已成为人们的一种装饰品，如项链、耳环、戒指之类的装饰品，在古代都曾是一种护符。护符所代表的神秘力量已不再被人们重视，而护符的装饰美感却被人们普遍欣赏。

我国民间认干爹干妈的习俗

认干亲在北方叫认干爹干妈，江南称作认寄父寄母，俗称拜过房爷、过房娘。做父母的认为，小孩认了干亲，就可以借别人的福气来保佑他平安长大。干亲一般在至亲好友中寻找，但大多数人家喜欢认儿女多的人或贫寒的人作义父母，理由是：儿女成群人家的孩子就像成群的小动物一样，容易长大；贫寒人家的儿童不娇贵，就容易抚养。认干亲可以不止一人，如安徽寿县认干爹多至八人，到认满八人时，八位干爹共同铸一项圈给孩子挂上，就意味着孩子由八户人家的福寿共同护佑着了。

普通认干亲的仪式，只要孩子向干爹妈磕三个头，改口称呼干爹、干妈就行了。富厚人家则要选吉日，办酒席，热闹一番。认干亲的双方要相互送礼，孩子孝敬的礼物常有干爹的帽子、干妈的鞋子、衣料以及素菜十碗和糕桃烛面等。干爹干妈为孩子准备的礼物中，除了兜肚、衣帽之类，还一定要有饭碗、筷子和长命锁。有钱人家多打制银碗银筷，也可以到寺庙去买木碗，但决不可用易碎的瓷碗，万一被打碎，那可就不吉利了。认干亲后两家常来常往，共同关心孩子的成长，孩子因此得到更多的温暖，家长间也增进了情感。这一风俗虽由迷信而起，却具有浓厚的人情味，因此很能为人们接受。

认干亲还有些特殊的风俗。如贵州曾流行过拜过路者为干爹干妈。孩子的父母择黄道吉日，在大路旁陈列果品，焚烧纸钱，看到第一个过路人，即请他做孩子的干爹或干妈，这个人也不可推却。江西的一些地方如孩子多病，就到街上找一乞妇为干娘，孩子跪拜日时，他的父母在一旁念道：拜干娘拜干娘，今后与干娘一个样。乞妇则用“贱头贱脑”四字来回答。以后乞妇常用讨来的饭食去喂孩子。为什么要认乞妇为干娘呢？原来，人们认为生命越贱越易成活，以求乞为生的人餐风宿露，仍能顽强生存，认了干娘，小孩就可如干娘一样有顽强的生命力，不会为疾病所困了。

由于受科学发展水平和人们认识水平的限制，过去人们总以为人间的生死祸福都是由神鬼决定的，因此，民间还有认鬼神为干爹妈的。此外，还有拜自然物为干亲的风俗。如湘西土家族人在孩子周岁以内寄拜给大树、岩石、水井，或寄拜给猪、狗、鸡等，同时以此命名，或叫岩保、水妹，或叫猪保、狗娃，据说可以消除灾星，易养成人。其实这种风俗是原始信仰中自然崇拜的遗留和转化。人类祖先在很长一个历史时期内对客观世界缺乏了解，因而对大自然极为敬服。他们认为动物、植物都是有灵的，尤其是那些在人类生产、生活中有较大价值、关系密切的自然物对人间祸福更是至关重要。于是，生活中最常见的动物、植物都成为孩子们的保护神了。

各种类型的认干亲，都是为孩子消灾除病，祈祷福寿，反映了做父母的对孩子的殷切期望。正因为如此，认干亲这一习俗，才会广泛流行于我国的南北城乡。

鸣放礼炮的习俗

现在世界各国，每逢有重大事件或有重要客人来访时，都要鸣放礼炮。这种习俗是怎样产生的呢？

事情得追溯到四百多年以前。当时英国的航海事业已相当发达，各类舰艇游弋海上，引起了许多沿海国家的疑虑。为了表示对对方没有敌意，英国海军想出了一个办法，当军舰驶入他国海域或港湾以前，或者在公海上与外国舰船相遇时，先把船上火炮内的弹药统统放掉。因为那时战舰上的火炮是前膛炮，需从炮口装填弹药，每发射一次都要费很长时间重新装填，所以放掉炮内弹药正是一种自动解除武装的友好表示。而别的国家港口在听到这种空炮声后，方准对方舰船进港停靠或通过，同时也将自己火炮内的弹药放掉作为回报。时间一长，这种做法逐渐被各国海军共同效仿，成为相互表示诚意与致敬的海上语言。以后，英国率先将鸣放礼炮作为欢迎贵宾的最高的致敬礼节，起初是在贵宾登舰或离舰登陆时使用，以后更通行陆地上，范围也扩大至盛大的国家庆典仪式中。结果这种礼节又

英皇家骑兵鸣放礼炮庆祝女王寿辰

为各国所仿效，成为国际通例。

起先，鸣炮次数的多少说明了解除武装的程度和对对方尊敬的程度。过去的战舰多为七门炮，鸣放七响；港口炮多，以三倍答礼，鸣放二十一响。最大的战舰上有二十一门炮，因此当鸣炮发展为迎接贵宾的礼节后，二十一门炮全部放空便成为规格最高的待遇。现在的国际通例是：迎送国家元首或其他相应级别的人，鸣炮二十一响；迎送政府首脑或其他相应级的人，鸣炮十九响；迎送副总理级官员，鸣炮十七响；以下依次类推，均取单数，这是当年远洋航行忌讳双数风俗的残留。但是在盛大庆典上，各国根据自己的具体情况而定礼炮的响数，不拘泥于单双的讲究。如英国规定君主诞辰和加冕鸣炮六十二响，议会开幕和闭幕鸣炮四十一响；美国国庆日全国各驻军营地鸣炮五十响，表示每个州鸣一响。

商家开张剪彩的习俗

剪彩是当今普遍流行于世界各国的一种习惯，每当有商店、饭店、展览会等等公众性事业开张或开幕时，总是用红绸带或彩绸带拦住大门，由来宾中最有名望的人用剪刀剪断绸带，然后顾客或观众才进入大门。

剪彩并非是古老的习俗，一般认为它的历史尚不足一个世纪。剪彩最早出现于美国。美国商界一直有个习惯，每天一清早各店铺都必须将店门打开，表示竭诚迎客。没有布置好的店铺也应开门，但须用一根布带拦住门口。据说 1912 年，美国圣安东尼奥州的华狄密镇上有一家商店准备开张，老板威尔斯一大早开了店门，拉上布带，打算略加布置再取走布带正式营业。不料到了上午街上行人较多时，他十岁的小女儿为追一条宝贝小狗，匆忙从店里跑出来，碰掉了布带，外面众多的行人以为此店已正式开张，一涌而入。威尔斯老板虽然与众店员手忙脚乱，却发现营业额大大出乎自己的预料。威尔斯从中得到启发，当开设另一个分店时，又是在一大早拉上布带，有意等到街上行人较多时，由女儿碰掉布带，招呼顾客进门，果然又是大开利市。从此，别的商人也仿而效之，新开张的商店总是

手持硕大剪刀剪彩

在日中热闹时，让年轻的姑娘扯断布带。以后又将布带改成色彩鲜艳的彩带，用剪刀来剪断。逐渐形成了“剪彩”的风尚。

实际上，剪彩仪式的出现与流行，表现了近代资本主义商业依赖于广告、依赖于宣传的特点。剪彩仪式实质上就是一个店铺开张的“公告”，也是一个很好的广告。通过这一仪式，使远近皆知，扩大影响。同时也有以此作为一个吉兆的心理作用。因此，剪彩仪式流行很快，短短的几十年间便传遍了新旧大陆的资本主义商界。剪彩的花样也层出不穷，为了扩张声势，总是千方百计请政界名人、商业巨子、社会名流等等有名望的人来剪断彩带，借这些人的名气来扩大自己商店的影响。为了表示财力雄厚，有的店铺还使用金剪刀来剪断彩带。彩带也使用各种绸料，打上漂亮的带结，由年轻姑娘捧着拦住大门。

由于剪彩仪式的公告性质，当代也普遍使用在公众事业上。凡是公众事业，为了扩大影响，也都采用剪彩仪式来宣告开张。开办展览会、开设医院、学校等等都用剪彩仪式。这样，剪彩就成为目前最普遍的世界性流行仪式之一了。

向贵宾赠送城门钥匙的习俗

英国首都伦敦有一项独特的旅游项目：伦敦塔钥匙典礼。伦敦塔原来是英国王室的宫殿，还曾作过监狱，用以关押重要的犯人，现在则是重要文物，如英国国王的王冠、王笏、节杖等的保管处。伦敦塔由英王禁卫仪仗队守卫，每天晚上 9 点 40 分，不超过 600 人的参观者进入伦敦西塔，卫队长头戴高筒帽，身披红外氅，袖子上缀着宽阔的金丝条臂章，提着灯笼和一大串钥匙，带领一队士兵迈着正步走来给沿河的三道大门一一上锁；每次上锁前都伴随着互相问答口令、举枪致敬；然后，队列在主楼前立定，全体高呼口令及口号，吹响熄灯号，这时，正好钟楼大钟敲响10点。卫队长向主楼的伦敦塔总管交出钥匙，整个典礼就此结束。这个典礼据说已无间断地连续了六百多年，只是在第二次世界大战时，有一次因为空袭而推迟过两分钟。

巴西传统的城门金钥匙移交仪式

这个郑重其事的典礼，表明了城门钥匙的极端重要性。在火炮发明以前的漫长岁月，砖石城墙几乎是无法逾越的障碍，城门往往是唯一的突破口，城门钥匙的重要性也就可想而知了。在中国清代，城门钥匙一直是由驻军长官保管的，每天晚上锁上城门后，就是一省的最高长官也无法自行开门出城。而西欧中世纪时，城市的城门钥匙更为重要。西欧中世纪的城市与中国古代城市虽然都是有城墙的居民点，但是西欧城市大多是自治市，在行政、司法、财政、防卫上都脱离封建诸侯王国，一个城市就是一个小的国家，城门之外就是另一个世界。所以西欧城市的城门钥匙更具有重要性，一般都严加保密，决不轻易示人，只有当城市表示臣服时才交出钥匙。

到了欧洲中世纪末期，随着近代欧洲民族国家的形成，各国逐渐加强了中央集权，城市的独立性渐渐被打破，成为民族国家的组成部分。火炮的发展，也使城市的防御不再仅仅依靠城墙了。城门钥匙的重要性降为礼仪上的象征性的功能。每当贵宾来临，赠送城门钥匙，表示大开城门，竭诚相迎。这一习俗逐渐流传了下来，到了今天，欧洲城市的城墙虽然已不复存在，但是在欢迎贵宾时，仍习惯于以城门钥匙的仿制品相赠，作为对贵客表示友好、欢迎的独特仪式。

人们用黄丝带迎接归来者的习俗

1917年10月14日，《纽约邮报》上发表了这样一个扣人心弦的故事：在一辆长途汽车上，有一个衣着朴素，手指被烟熏得焦黄的人。一路上，他一言不发，好像在座位上生了根似的。他那忧郁的神情引起了同车六位青年的好奇，以他们的真诚，才了解了他的身世。原来这位名叫温哥的人是个刚被释放的囚犯，在坐牢的四年时间里，他日夜想念他的家，但临近回家的时候，他又胆怯了，生怕不被家人接受。因此，他事先写信给妻子：如果她已离他而去，他决不责备；如果她还要他，就在镇口老橡树上系一条黄手绢。如果看不到黄手绢，他就不下车，一直驶向不可知的远方。这些无忧无虑的青年人被此事深深感动了，他们忘了观赏沿途风景，而一心一意地注意着前方将要出现的老橡树。突然，几位年青人都从座位上跳了起来，尖叫，欢呼，手舞足蹈。只见前面出现了一棵挂满黄丝带的老橡树，如同一面面旗帜迎风招展。温哥就在一片美丽的黄色中，在青年人们的欢呼声中，回家去了。

欢迎归来者为什么要用黄丝带呢？黄色，是一切颜色中最亮的色彩，它可以表示高贵、辉煌、明朗、欢乐以及智慧和宁静等多种涵义，它还可以象征未来，象征太阳与光明。因此，世界上许多民族都非常喜爱黄颜色。在近代美国，民间习俗中把黄色看作是期待、怀念和思慕远方亲人的象征。

至于黄丝带的风俗，还可溯源于美国南北战争时期。那时，男子都抛妻别子上了战场，妇女们既要抚育儿女，又要维持一家生计，生活十分艰难。因而也特别思念远方的亲人，期待着重逢时刻的到来。据说有一位妇女，在脖子上系一条黄色缎带，每天站在路边等待着她的丈夫归来。人们为她的深情所感动，同时，她的行动也使不少境遇相似的人产生了共鸣，因此，颈上系黄缎带的习俗为众人所仿效，成了对亲人思慕之情的寄托。

黄丝带寄托着人们的思念与期盼

温哥的经历见报以后，深深打动了美国人民的心。不久，它被改编成电视剧在各地放映，一曲《老橡树上的黄丝带》更是风靡一时。美国人民喜欢这个故事，并把其中最动人的情节运用于实际生活，黄丝带的习俗从而在现实生活中影响更广。如今，这一习俗已不仅在美国盛行，而且传播到国外。

我国民间求雨的传统习俗

夏季是庄稼生长的重要季节，这

时要是干旱无雨，就会对一年的收成带来严重影响。在旧时中国人的信仰里，龙王主雨，要想风调雨顺，全靠龙王爷的旨意。因此，百姓对龙王敬礼有加，不敢有半点怠慢。

过去每年到六月十八日龙王爷生日这一天，各地都要举行龙王庙的庙会，祈求天雨。村民们祭上供品，焚香跪拜，祈求龙王爷及时行云布雨，普降甘霖，以解百姓倒悬之苦。

过去在一部分农民心目中，不单是龙王爷一个管雨，另外观音菩萨、水神爷、关帝老爷，也都能管降雨的事儿，于是一有旱情，不但是龙王庙，还有观音庙、关帝庙里也都香烟缭绕，众神明一起接受村民的祭拜。

位于江苏的“求雨山”

除了烧香求拜，旧时不少地方还有抬着龙王神像巡回各村作求雨仪礼的风俗。人们将龙王塑像放在龛里，抬着它巡回于附近的村庄。各村各户门前都准备有水瓮，上面插柳枝，贴着黄纸，黄纸上写“九江八河五湖四海龙王之位”，然后在水瓮前烧香祭拜。当巡回队伍来了，就将瓮中的水洒向队伍。巡回队伍如果在路上碰见水井，就要跪下祭拜，并叫：“下雨吧！”参加巡回的都必须是男人，人人光着脚，头戴柳条帽。巡回了附近的村庄后，队伍便回到本村，集合在龙王庙前作夜间祈祷。

各地还有一种更古老的求雨仪式，叫做“取水”。山东历城县一些地方，在举行取水仪式的前三天，全体村民都要实行斋戒，不准吃葱蒜和肉类，不得沐浴，男女不能同房。参加取水的也都必须是男人，头上都戴柳条帽子。求雨那天，人们把玉皇神像从庙里请出来，放在轿子里，然后手持旗帜，浩浩荡荡向离村很远的池泉进发。求雨队伍到达目的地后，把水装入专门准备好的瓶子里。汲水时，要在泉中捉一条鲫鱼，同水一起装入瓶中带回村来。这是因为鲫鱼的发音与“急雨”相同，寓意能取得急雨归来。

取水队伍回村后，到玉皇庙将神像放回原来位置，道士诵经，人们焚香礼拜，并各自发出降雨的祈愿。深夜12点，全村人再次集合在庙前听道士诵经，如此要持续三天。如果真的下雨了，当天就要给神像供上祭品，稍后还要为神像重新油漆一新。

有的地方在求雨时，对龙王爷等神明采取强迫的方法。这也许是人们在经过虔诚的祭拜后，被各路神明的无动于衷激怒所致。如在河北冀县，大旱时，村民们就戴着用柳枝编成的帽子，集合在龙王庙前，把龙王像抬到庙前广场上曝晒，让龙王爷也尝尝烈日的厉害。在浙江富阳地区，人们把有名气的菩萨像都抬出来，放在太阳下曝晒，并击鼓鸣锣，焚香点烛，许愿说：如能下雨，就将神像抬回原处。人们的想法是，如果让神也吃点苦头，神受不了就会降下雨来。

还有的地方朝被认为是龙王住的龙潭里倒煤渣，或故意弄脏泉水，认为水中的鱼受不了就会向龙王报告，龙王为了救鱼类，就会下雨。这些做法都有点要挟、强迫龙王爷的意思了。

讲究座次排列的习俗

古人用许多方式来区分地位、身份的尊卑高下。用语言、称谓可以区分；用穿什么衣服，衣服着什么颜色也能来区分；而筵席、宴会更是讲究礼仪的地方，于是如何安排座次就有了许多的讲究，用以区别人们的地位和身份。

我们今天所说的“筵席”，是一个完整的词。但在古代，“筵”指的是铺在地上的席子，这样地面不露出来，就比较干净；而“席”指的是“筵”之上再铺专给人坐的那种席子。筵大于席，筵铺于下，席铺于上。在桌椅板凳尚未发明的时候，客人来了就围坐在一块席子上，大家席地而坐。后来“筵”和“席”合在一起，就成了我们现在所理解的“筵席”，主要指酒席，有时也指宴会上的座位、席位。

现在民间约定俗成的许多有关筵席座次的讲究，是从古代演变而来的。古时候，在官场上，官高者坐上位，官卑者坐下位；而在民间，则是辈份高、年纪大者坐上位，辈份低、年纪小者坐下位。

那么，座次的上下尊卑是根据什么来排定的呢？

一般来说，古时候的座次是通过方向来表示的。皇帝宴会群臣时，坐北向南的座位是最尊贵的，给皇帝坐。接下来群臣面向北，按官位高低从东往西排列，这样一来，官大的就在右，官小的就在左。所以古时候有“南面称王”、“北面称臣”和“右为上”的说法。

古代还有“以东向为尊”的说法。古代贵族活动场所的建筑一般都是堂室结构，堂在前，室在后，堂大于室。堂室之间，隔着一堵墙。堂上不住人，是议事、行礼、交际的场所，在堂上举行的礼仪活动，以南向为尊。而室为长方形，东西长而南北窄，在室内，最尊的座次是坐西面东。

现在中国一般筵席用方桌，俗称八仙桌，通常以面朝门外的一面为上座（上首），每边两个位子，一般以左首为大。宴饮时，通常待上座者入席后，其余的人方可入席落座，否则就是失礼。如果是圆桌，就以当中的位置为大，然后从左到右，依次往下排。

中国是有着几千年历史的礼仪之邦，各种具有人情味，反映人们尊老爱幼情感的礼俗代代相传，历久而弥新。但旧时排筵席座次也有过于烦琐的一面，这在实际生活中已得到改革。

印度尼西亚的成丁仪式

在印度尼西亚，有的地区当青年进入成年期时要举行专门的成丁仪式。马鲁古群岛西兰岛上青年的成丁标志是加入“老人会”。那个名曰“老人会”的组织实际上不是老年人而是成年男子的组织。岛上的小伙子到了一定年龄都必须加入该组织。只有成了它的成员，才表明他已脱离稚气，成了自力的成年人。

加入“老人会”的仪式充满了恐怖而神秘的色彩。仪式前，男人们先在密林中建好一幢圣屋，亦称“老人屋”。仪式开始那天，入会的小伙子们在母亲的陪同下被送往圣屋。路上他们必须经过一个叫做“鳄鱼口”的小洞，洞内怪声不绝，可怖的气氛令人毛骨悚然。当青年们进入圣屋后，屋子马上被遮盖得严实合缝，里面黑古隆冬，阴森可怕。母亲们只许在屋外等候，不得入内。少顷，主持仪式的长者走出圣屋，将手中沾满鲜血的长刀展示在母亲们面前，见此情景她们无不认为自己的儿子被害，便一路嚎啕着返回村里。在圣屋里，长者向青年们讲授做人的道理，希望他们个个成为强悍无比、勇于为民族捐躯的英豪。教授完毕，青年们如痴如颠地回到家里，并有意做出常人难以理解的动作，例如有的好像醉汉摇摇欲倒，有的退着步进屋等。这些动作告诉人们，他们已经离开过人世，现在是死而复生，一切须从头开始，新生活正摆在他们面前。待他们恢复常态后，再次被带进森林，由长者向他们传授打猎技术。最后青年们共进圣宴。从此他们便成了“老人会”成员，开始以成年男人的姿态迎接人生途中的种种挑战。

达牙克族也举行成丁仪式，不过

仪式的内容现在和过去大不相同：过去，参加仪式的青年献上自己亲手猎取的人头，现在仅以蝙蝠代替。

门达威族青年的成丁仪式是加入“乌玛”仪式。“乌玛”由父亲血统关系的许多核心家庭组成，相当于一个小氏族。门达威族青年（包括女性）到了十五岁左右，只要遵纪守法就可以加入“乌玛”，成为该组织的正式成员。参加“乌玛”的仪式由“乌玛”首领“里玛达”主持，该仪式常常和纹身仪式同时举行。仪式结束时通常都要举办全“乌玛”参加的宴会。年青的“乌玛”成员只享有部分“公民”权力，只有到了四十岁左右正式举行结婚仪式后才享有“公民”的全部待遇。

亚美尼亚人奇特的逐客令

在高加索南部，阿拉加次高原上住着热情好客的亚美尼亚人。殷勤好客是亚美尼亚人富有特色的风俗。尤其在山村，这种习俗更为盛行。他们对远方的来客总是热情相迎，留宿和设宴款待。但是，亚美尼亚人却有一个独特的待客方式，主人留客最多只住三天。如果客人三天后还想继续住下去，务必提出充分的理由，在征得主人同意后，方可留下来。此时，主人仍不会怠慢客人，但是他却要婉言暗示客人尽早离去。亚美尼亚人很善于向客人巧妙地陈述委婉之词，而绝不会简单、生硬地下逐客令。

亚美尼亚人老年妇女

每当客人住满三天应该离去时，主人便在那天清晨早早起床将客人的马牵到山地牧场喂饱，备好鞍，然后唤醒客人，请他吃一顿丰盛的早餐。此时，客人就应明白，这是主人在为自己饯行。

然而各家主人也常碰到一些不懂得亚美尼亚民族习俗的客人。有的客人吃饱喝足后仍不想离去。这时主人并不急于下逐客令，而是待客人休息片刻后，和颜悦色地领客人到户外观赏高山草原的景色。当天空有鸟儿飞过时，主人便让客人举目仰望，并指着飞走的鸟儿说：“看那鸟儿飞走了！”聪明的客人就会意识到主人暗示的涵义，便回身去牵马了。

也有的客人此时仍不明其意，只顾一味地观赏那郁郁葱葱的山地草原和远处那些气势磅礴的高山，陶醉在美丽如画的大自然景色中，或者望着天空的飞鸟凝神。此刻，主人就会对客人说："你看，鸟儿都知道何时该飞走，可是有的人却连这一点也不知道！"听到这番话，就是再迟钝的人也会醒悟过来，当即向主人道谢告辞。

波兰人赠花的讲究

波兰位于欧洲中部，北临波罗的海，一年四季温差不大。温和湿润的气候适于各种植物的生长。因此，在波兰长年可以见到色彩缤纷的鲜花。

波兰人不仅十分喜欢养花，并且还有将鲜花馈赠亲朋好友之习。每逢节日走亲访友，参加婚礼、丧礼、祝贺生日、命名日、扫墓、探望病人、亲友久别归来等等，都以应时的鲜花赠送亲友，使人赏心悦目，受到热烈欢迎。但是送花很有讲究，如送得不当，不仅不能增进友谊，反而会引起误会，甚至招来不快。以菊花为例，通常人们认为这是墓地上的花朵，一般都在亡灵节把它奉献到已故的亲友墓前，而绝不能作为日常馈赠之用。再如仙人掌之类带刺的花卉，也不可以赠送亲友。

赠送花卉的颜色也颇有讲究，它因人的关系和赠花的场合不同而异。送给亲近好友的花要颜色鲜艳，如小苍兰、香石竹和月季花等。送给恋人的花最好是红色的，象征着爱情似火。平时人们忌送白花，但是在生日或庄重的命名日例外。成束的白花通常只用于婚礼。探望病人忌送香味浓烈和具有特殊象征意义的花。

身着民族服装的波兰妇女

送花还要因接受者的年龄大小而有所不同。一般来说，送给中年人，以大花为宜；送给青年和孩子，可选用各种颜色的小花。

送花还必须是单数，即使送一束、一支也无不可，但切忌送双数。花束由一种花组成，被认为是雅致的。通常，人们都赠送切花，很少送盆花。

逛庙会的风俗

庙会，是一种以寺庙宗教法事活动为依托的大型民间文化娱乐活动，又因为它一般总是和互通有无的贸易买卖相结合，所以习惯上也叫庙市。我国庙会起源和形成的时间，大约在一千五百年以前，它和魏晋以来佛教的广泛传播有密切的关系。

屋宇宽敞、气势巍峨的寺院建筑和富赡的文物收藏，本身已足以引起士庶的游览愿望，庙中为扩大影响而定期举办的斋会则为大家提供了条件。此外，斋会上向僧俗群众普施斋饭和精彩的法器艺术表演，也具有相当强烈的吸引力。渐渐地，各类寺院成了一方文化活动中心，农工商贩趁此机会出售产品和交易货物，江湖艺人则亮相助兴增加收益，一般百姓也乐意在游览观赏之际，买回各种生活必需品。结果，寓宗教、文化、娱乐和贸易等多种功能的庙会风俗形成了，与重要宗教节日及本寺院香汛之期挂钩的庙会，往往是地方上繁华的标志。同时，社会各阶层各方面人士为了生产和生活的方便，还希望这种活动趋向经常性和稳定性，于是具有固定日期的庙市就发展和形成了。在水陆交通比较落后的农村和偏远地区，这种定期开放的庙市曾是商业经济的主要形式。

北京的城隍庙，这里曾举办过北京最大的庙会

中国庙会的基本风格及特征在唐代已经形成，进入宋元时代后高度繁荣。大型庙会的参加者来自全国各地，盛况空前。明朝时北京的城隍庙庙会，已是国际公认的定期性大市，现在，全国各地仍有许多富有特色的传统庙会吸引着国内以及世界各国的友人前来观光。

我国过年贴春联的风俗

每逢新年到来的时候，家家户户

都要贴上一副春联，以示吉祥。春联是由“桃符”发展而来的。古时候，由于科学技术的落后，人们对许多自然灾害或自然现象不能理解，误认为是鬼神在作祟。在辞旧迎新的时候，人们尤其惧怕鬼神进入家门，所以都要挂上桃符，以为镇慑。

每逢新年到来，家家户户都要贴上一副春联

桃符的由来，源于《山海经》记载的一则传说故事。相传很久以前，东海里有座风景秀丽的度朔山，山上有棵蟠曲三千里的大桃树，东北面一根拱形的树干，弯弯的树梢挨到地面，就像一扇大门，山上各种魔鬼出山都要经过此门。天帝怕魔鬼扰乱人间，特派神荼、郁垒两个神将把守，如有恶魔胆敢出山，便用草绳捆起来喂老虎吃。于是，人们在过年时，用桃木雕刻出神荼、郁垒神像，悬挂在大门两侧，以保护家人平安。后来或许雕刻神像太费工夫，改用桃板画上神像代替。以后又被简化，只在桃板上写上神荼、郁垒的名字了事。最后再省桃板，仅用两张纸，或画上神荼、郁垒神像，或题上咒语如“姜太公在此，百无忌禁”、“有令在此，诸恶远避”等，或写上吉利话，这就是人们所说的桃符。

五代时，后蜀宫廷有人在桃符上题写联语。联语从内容和形式来看，都是些吉语佳话，文字工整，长短对等，又讲求对仗。后蜀主孟昶在桃符上题写的“新年纳余庆，嘉节号长春”的联语，被认为是中国最早的一副春联。此后，文人学士把题春联视为雅事，题春联风气便逐渐流传开来。到了宋代，过年贴春联已成为民间习俗，从王安石“爆竹声中一岁除，春风送暖入屠苏；千门万户曈曈日，总把新桃换旧符”的诗句中，可以窥见当时的盛况。而桃符正式改称春联，则始于明代，得力于明太祖朱元璋的倡行。朱元璋定都金陵后，除夕之夜令公卿士庶家家户户贴上春联，以示喜庆。他还微服出访，以观赏春联为乐趣，并曾趁兴题联两副。此后数百年来，贴春联成为过年习俗中不可或缺的组成部分。

春联多用来表示吉祥如意，但有时也用来抒发难言之情。如抗战时有两副春联：“年年难过年年过，处处无家处处家”；“说什么新年旧年，还不是昨日今朝”，道尽了离乱人的辛酸。由此看来，春联是人民生活吉祥如意或凄凉悲惨的写照。在当今和平、稳定、繁荣的年代，一副副祥和、喜庆的春联，反映了人民生活的幸福、安乐。

辈分、九族的来历

我国汉族地区从父系氏族社会向阶级社会过渡时，形成了一种以嫡长继承制为基础、以家族为中心按血统远近区别嫡庶亲疏的社会制度，这便是人们常说的宗法制。秦汉以后，虽然严格的宗法制不复存在，但宗法关系和宗法观念仍然长期地保存着，人们在社会生活中极端重视的还是血缘亲疏和尊卑长幼，而谱牒、辈分、九族等正是人们用以明确亲族关系，区分世系的依据。

“辈分”是指家族、亲戚、世交的世系次第的区分。由于我国历来对尊卑长幼是极为重视的，区分辈分并确定相应的交往礼节、权利义务等便成为人们社会生活中的一件大事。与其他民族一样，汉族也是以称谓作为辈分标志的。不过，汉族的称谓更有其不同于大多数民族的特点，即区分辈分的同时还区分父系和母系，如称父的姐妹为姑，称母的姐妹为姨；区分直系和旁系，如称自己的晚辈为子、孙，称兄弟的晚辈为侄、侄孙；区分长幼顺序，如称父兄为伯，称父弟为叔。而这种特异现象正是由我国传统的父系嫡长子继承制所决定的。

族是指亲属。“九族”实际上就是指九种亲属关系。不过，对九族的解释，历来并不一致，如一种说法认为九族是父族四、母族三和妻族二，而通常是指同姓亲族的高祖、曾祖、祖、父、本人、子、孙、曾孙、玄孙。长期以来，人们习惯上以九族作为划分亲族范围的标准，并以此来立宗法，定丧服，九族以内的属于本亲族集团的成员，出了九族的便只是“本家”同宗了。

人们在身上刺图案的习俗

欧洲人刚登上“新大陆”时，见到当地的土著居民脸是红色的，便自以为是地认为“新大陆”的居民是“红种人”，直到近代仍有这种说法。实际上美洲的土著居民是黄种人，只是很多部落习惯在脸上涂抹红颜色。这种在脸上、身上涂抹颜色、描绘花纹的习俗即称“画身”或“绘身”。更为普遍的是用针刺、刀划的方法在身上造成永久性的疤痕，称之为“文身”。文身也往往与画身、绘身结合使用。

文身习俗是人类最古老的习俗之一，一般认为它起源于原始人类的图腾崇拜。原始人往往信奉一些据认为与自己有特定关系的动植物，并以特定的文身作为标志。如南澳的土著居民有袋鼠部落，其成员都在胸前画上圆圈以表示袋鼠的眼和嘴。原始人普遍相信只有经过文身、具有了特定的、永久性的标志的人才能得到本氏族图腾神灵的保护，不致于受无所不在的鬼怪侵害。很多原始民族中，文身是成年仪式的重要内容，接受文身后就表示已经成年，将独立受神灵保护。澳洲土著居民每到一定年龄就要在胸腹、背部切痕文身，而且必须安静忍痛，接受神灵的考验。

欧美国家有人以文身为装饰身体艺术

在很多已出现阶级分化的原始部落中，文身往往也成为阶级的标志。如新西兰毛利人用文身图案表示社会地位，越是地位高的人，文身图案越是复杂。一般人不能在前额、上唇、下颚上刺纹。加洛林群岛的土著居民中只有贵族才能在背、臂、腿部刺纹，非自由人只能在手脚上刺一些简单的花纹。

文身虽源于图腾崇拜，但以后这一习俗逐渐发展为具有多种含意。如北美印地安人在画身之外，往往把自己经历的重大事件图样刺在身上，以博得人们的尊敬。这种文身与结绳一样，是在没有文字情况下的一种记事方法。而有的原始民族用画身、文身图案来威吓战争中的敌人或潜在的邪恶鬼怪。如古不列颠的土著居民在战争中用蓝色画身，青面獠牙，使入侵不列颠的罗马统帅凯撒大为吃惊。

在很多民族中文身习俗早已消失。战国时我国江南一带的人民也是“断发文身”的，至秦汉以后这一习俗逐渐消失。宋元明清各代对于罪犯要在脸颊或臂部刺字，加以羞辱。古代只有闯江湖的人才在身上刺花纹，表示其特殊身份，如《水浒传》中的浪子燕青就是“一身锦绣”。欧亚大陆上大多数民族也都很早就遗弃了这一习俗。现代仍保留文身习俗的民族一般也已把文身作为一种特有的美化身体的手段。欧美国家也有人以文身为装饰身体艺术，有的国家还举行文身展览会。

向优胜者颁发奖杯的习俗

人们通常把颁发奖杯习俗的发源地归之于英国。公元 978 年 3 月 18 日那天，英格兰国王爱德华前往科夫访问他的弟弟艾特尔雷德。科夫的军民为国王陛下驾到，安排了隆重的欢迎仪式。当时年青的爱德华正骑在马上，刚接过别人敬献的一杯酒，正仰头喝酒欲待一干而尽时，突然有个刺客从背后向其猛刺一刀，年仅十五岁的爱德华就这样不明不白地死去了。

手持奖杯庆祝的胜利者

爱德华驾崩后，艾特尔雷德继承王位，成为艾特尔雷德二世；尽管未能证实他是否参与谋害其兄，但是这一惨变却给人留下了深刻的教训。此后，在英格兰人举行的宴会上，派生出一种新的礼仪：主人用双手拿着一只带有两个长长耳朵的大酒杯，在来宾中依次传递。宾客们也以双手接过并轮流啜饮。这时候，其他的客人也都站起来环立在饮酒者的周围，以示防备来自身后的暗算。当这个大酒杯在所有的宾客中轮转一圈后，便成为象征着友谊和信任的“爱杯”了。这个“爱杯”，被视为珍贵的礼品，由主人奉献给最受尊敬的客人。

英格兰素有爱好体育运动的传统，各类比赛竞技往往又同随之而来的宴饮庆贺联系在一起。这样，竞赛中的优胜者作为受到公众敬仰的人，便时时有接受“爱杯”的殊荣。以后，这个宴饮上的礼节又逐渐演化为竞赛中的惯例，无论是个人还是团体，只要在较量比试中获胜，都会得到一个表示敬仰和庆贺的由“爱杯”演变而来的奖杯。

因为现代世界竞赛项目多种多样，奖杯设立的由来、质料或者寓义也互不相同，所以人们又给每一个具体的奖杯赋予不同的名称。如世界乒乓球锦标赛男子双打冠军的奖杯系由伊朗捐赠，就叫伊朗杯；女子团体冠军的奖杯则用前法国乒协主席的名义，叫作考比伦杯；而元老赛奖杯朱比列名称在英语中是纪念的意思。引人注意的是，这些奖杯一般都比普通的酒杯要大得多，且都带有两个长长的耳朵，而这些特征又正是当年英格兰“爱杯”痕迹的保留。

但是，也有文献和实物证明，古希腊人也许更有资格承受向竞赛优胜者赠杯习俗的创始人的荣誉。在阿里斯托芬（约公元前445年—前385年）的喜剧中，已经有关于“友爱的杯子”的描写，它被用于轮流呷饮；而现在所能见到的约公元前5世纪的作为运动比赛奖品的希腊陶瓶，瓶颈两侧也各有一个小小的耳朵。这或许这仅仅是巧合，但更有可能的是古希腊遗风在英格兰土地上的流变。

我国剪纸的习俗

剪纸是我国民间最为流行的传统装饰艺术，艺人们能用一把小剪刀在纸上剪出各种花卉鸟兽、风景人物图案。它们不仅有很高的艺术性，而且还被人们贴在室内和各种器物上，用于美化环境、点缀节日欢乐气氛。

剪纸习俗是从古代的“人日”节俗中发展衍化出来的。据说女娲补天后，团土造物，先后用泥土捏了鸡、狗、羊、猪、牛、马，最后在第七天捏出了人。因此，后人就把正月初一到初六分别称为鸡日、狗日、羊日、猪日、牛日、马日，初七是人类的生日，称人日，当然是一个重要的节日。古代人日热闹程度不亚于正月初一的元旦，人们要吃用七种菜做成的“七宝羹”，吃在露天做的“薰天饼”，吃“人口团”、“太平团”，登高饮酒。而妇女们在这一天为了纪念女娲造人，就要用五彩花色的彩帛（丝织品）或金属箔剪成人形，挂在屏风及帷帐上，并且剪成小的人形帛片、箔片戴在两鬓上，祈求全家平安、多子多孙。现代的剪纸就是这样发展而来的。

剪纸在我国有着悠久的历史

人日剪人形是早在秦汉时就已很流行的习俗，除此以外，古时还于正月初一在门窗上画鸡。画鸡可能因为初一是鸡日，然而古代神话中还有鸡是重明鸟的变形的说法。

据说尧帝在位七十年的时候，远方秖支国上贡一种能辟邪的重明鸟，大家都欢迎重明鸟的来到，可是贡使不是年年都来，人们就刻一个木头的重明鸟，或用铜铸重明鸟放在门户，或者在门窗上画重明鸟，吓退妖魔鬼怪，使之一年不敢再来。重明鸟模样类似于鸡，以后就逐步改为画鸡或剪窗花、门签贴在门窗上。

剪纸的另一个来源是唐宋时期过立春的一种习俗。唐宋时，每逢立春要举行盛大的“迎春”典礼，出土牛“鞭春”，吃春饼、生菜。人们在这一天要在鬓脚戴上“彩胜”，这是一种色纸制的小旛，迎接春天。妇女用彩绸制成两个斜方形部分迭合的“方胜”，戴在鬓脚。这种方胜以后又剪成花鸟图案作为妇女的饰物，逐渐成为剪纸艺术的来源。

现代民间一般已不再过“人日”、立春这些节日，“元日画鸡于户，七日贴人于帐”以及方胜、彩胜则流变成剪纸、贴窗花、贴门签的民俗了。但剪纸这一民间艺术还仍然存在，有些时候还能派上用场。

放风筝放晦气的习俗

放风筝，一般人只知道是一种文化娱乐活动，但在古代，这中间还包括着一项古老的习俗——“放晦气”。

大家知道，风筝因形如鹞鸢，又叫“鹞子”。据史载，始于春秋战国，能匠鲁班首创“木鸢”，“乘之而飞”，这是我国最早的风筝。后来用纸代木，称为“纸鸢”。五代时又在纸鸢上系上竹梢，风入竹梢，声如筝鸣，才开始叫“风筝”。风筝到了明清两代，在民间都十分盛行。

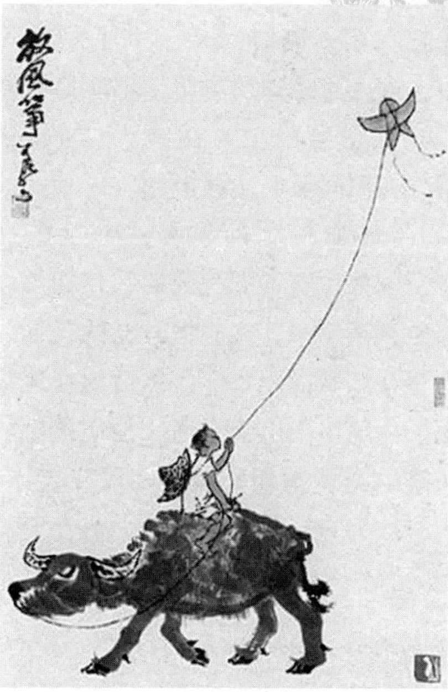

牧童放风筝

原来，放风筝一开始和原始宗教活动密切有关。在过去还长期处于生产力十分低下，科学技术极不发达的时代，人们没有能力抵御疾病以及各种自然灾害的侵袭，更不明白造成人类痛苦贫困的社会根源，因此产生了崇拜神灵、祈求天赐好运的心理。这种信仰表现在各个方面，在放风筝上也有所寄托。人们在风筝上写上自己的名字，然后放上天去，又故意剪断牵线，让风筝飞走。认为这样就可放走"晦气"，交上好运，达到"消灾祛难"的愿望。

因此，在放风筝时，不管风筝如何玲珑好看，最后都必须剪断牵线，让它飞走，同时，又产生了忌讳习俗，即人家放掉的风筝，不能拾来重放，否则会染上"晦气"。这种风俗，在民间又叫"放断鹞"。

"放晦气"的风俗，不仅我国有，国外也有。如我国的邻邦朝鲜在每年风筝节中，人们把自己的苦恼一一写在纸做的飘带上，然后缚在风筝上。当风筝飞上天空后，他们就把放风筝的绳子割断，风筝随风飞走了。人们认为自己的苦恼也随之消失了。

中国独特的印章习俗

在世界上，各个国家都是用签名作为表示信用的凭证，唯独我国是"印章一方，以辨真伪"。在民间，许多人家都有印章。印章，广泛应用于社会生活的各个领域，一直至今。

印章的起源：说起我国印章的产生，是一件十分有趣的事。它是群众根据当时的需要而发明创造的。古代，人们在封存或递送物件时，光用绳子扎住，怕被别人拆动，就在绳结上封一块泥，把印章盖在泥块上封口。这种泥块叫"封泥"。后来传递文书（写在竹木简上），封库房也用印章封口，这就是印章的前身。

我国清朝乾隆皇帝的玉玺

根据史籍记载，印章是我国进入阶级社会以后才产生的。最早有印章并使用印章的，当在春秋时代。到了战国时代，随着生产工具的改进，劳动生产率的提高和生产力的发展，商品交换日益频繁，为了保证商品交换的安全转移和存放，需要有一个信用上的凭证，印章才大量使用，并成为当时人民生活中不可缺少的工具和手段。今天遗存的大量古玺印中，就有许多是战国时代的。《周礼·司市》载："凡通货贿，以玺节出入之。"货贿，指货物通行。玺节，古时经商所用的符节。玺，就是印章。可见当时已有将印章作为凭证的习俗。

印章的名称：印章，最早时称"玺"，作为一种信物，人人通用，不分贵贱。古代以印信封记的文书，统称"玺书"。秦始皇统一中国后，规定天子的印章称"玺"，臣以下称"印"，并规定了多种等级的印章(包括质地、制式、大小等)。秦以后玺便成了皇帝专用的印，"玺书"也成了专指皇帝的诏书。唐武后时曾将玺改称为"宝"。汉以后官印也有称"章"的，或连称"印章"。在印文上，还常常增用"之印"两字。因为汉代相信"阴阳五行说"，认为"汉据土德，土数五"，用五个数是吉利的象征。反映在印章上，就用五个字，如"牙门将之章"，"丞相之印章"等。唐代官印有称"记"，或"朱记"的，以别于墨印。因印章有鉴藏图书的作用，后误称印章为"图书"，转化为"图章"，沿用至今。明太祖时，因发现官场中在使用印章时有作弊现象，就规定用半印的办法，即要两个半印相吻才有效，以严关防。后称这种半印为"关防"。现在，有的单位的介绍信，为防伪造，在存根与介绍信之间，也盖一个骑缝章，有类似关防的作用。

菲律宾的斗鸡习俗

菲律宾盛行斗鸡，每个市镇都有斗鸡场。斗鸡场设在专用体育馆里，建筑十分讲究。每逢周末和节假日，前往观看斗鸡者甚多。

场内阶梯式环形观众席足可容纳千人。中央设斗鸡台，一米半高，八米见方，台上铺细沙土，四面围以栏杆铁丝网。场内鸡鸣阵阵，赌博买标人的吆喝声此起彼伏。

菲律宾一只品种优良的斗鸡

比赛即将开始，两位鸡主（驯养员）怀抱斗鸡，踏上台来，相对而立。两只雄鸡羽色艳丽，健壮凶猛。

鸡主逐渐接近，怀中雄鸡眼睛睩睩，相对而视，似乎认准了对手。鸡主又置鸡于地上，用手紧紧控制住，两只雄鸡直立，昂首阔步跨向前，待它们逐渐走近，即将接触之际，顿然又被拉开。如此反复几次，雄鸡被激怒了，斗志激增。在其怒气上升到一触即发的程度时，鸡主向高椅上的评判员示意，评判员便发出比赛信号。这时两位鸡主把自己的鸡推向前，拉向后，然后松开手。只见两只雄鸡，怒气冲天，颈羽直竖，伸头向前，双爪紧抓地面，目注前方敌鸡。片刻，双腿后蹬，身躯跃起，振翅冲向对手。在满台沙尘中，双方打得难解难分，又啄眼睛，又蹬后爪，一起一落，羽毛纷飞。脚爪上系着的锋利刀片闪闪发光，场面紧张而惊险。最初，甲鸡失利，鸡主抱鸡少休，饮以清水，继续拼斗。后来乙鸡失利，鸡主也抱鸡稍息，最后决斗，两鸡主远避旁观，战斗愈加激烈。但见飞腾啄扑之中，甲鸡使出绝招，昂头旋转，爪上利刀一晃而过，乙鸡即如泄气皮球，倒地不起，甲鸡洋洋得意，展翼环绕乙鸡四周以示胜利。战斗结束，历时仅两分半钟。

斗鸡的品种很多，有天然斗鸡、家常斗鸡、进口斗鸡和混血种斗鸡等。一只能斗善战的雄鸡往往价值几千比索，是一笔可观的财富，所以鸡主对斗鸡都十分珍爱。

在菲律宾，斗鸡已有五百多年的历史，斗鸡场一千多个，成为城乡人民尤其是中下层群众最普遍的一种娱乐活动。由于它有赌博色彩，菲律宾政府立法规定每个市镇只准开设一个斗鸡场，并只能在周末和节假日开放。

马来西亚的放风筝习俗

在马来西亚，放风筝不是小孩的事，而是成人的活动。每年 4 月稻谷丰收之后，当东风劲吹，南中国海上空晴朗无云的时候，马来西亚各地，尤其是东海岸吉兰丹州和丁加奴州一带，宁静的乡村田野，棕榈树点缀的大地上，呈现出令人兴奋向往的生动景象：蔚蓝色的天空里，大小风筝，色彩绚丽多姿，造型优美真实，音响奇妙动听，上下翻飞，争高斗奇。

马来西亚风筝的长度一般在 1 米至 2 米之间，宽与长基本相当，但最大的有 6 米长。风筝的形状有鱼、鹰、猫、鹦鹉、孔雀、青蛙等。然而当地人最喜爱的却是一种新月形风筝尾的月亮风筝。在正式的官方场合，马来姑娘常常手执精心制做、图形优美的风筝欢迎贵宾。

风筝的制作相当讲究。首先挑选

面向东生长的竹子，据说这能保证太阳精神自早至晚地护卫着风筝。选好的竹子埋到泥土里浸泡一月后，劈成6毫米宽、150厘米长的竹条。熟练的风筝爱好者只用45分钟就能扎成风筝的骨架。如果它是一只鸟，那么，鸟头要向下低垂，使风筝平衡，而且使“鸟”有“眼”看清一切。然后在骨架上贴糊一层半透明的纸，并在肩膀上绑上响弓。这响弓可使风筝平衡，又产生奇妙的声音。这样，从理论上说，一个风筝就做成了，但事实上，风筝还远未达到放飞的标准。马来西亚人对待风筝的制做和放飞是非常严肃认真的，不加装饰的风筝好像没穿衣服的人，是不能出来旅行的。

马来西亚风筝

马来西亚人对风筝的重视和尊敬可以追溯到几个世纪以前。据说，在很久以前，有个庄稼汉在他的田里遇到一个迷路的女孩，他把女孩领回家，像对待亲生女儿一样抚养她。女孩越长越漂亮，他和乡亲们的收成也越来越好，村子越来越富足。这庄稼汉满心喜欢，谁知他老婆产生了嫉妒之心，把女孩赶出家门。从此收成一年比一年坏，他一年比一年穷。后来，他才知道那姑娘其实是稻神。有人告诉他，为了向稻神致歉，他必须做一个特别漂亮的东西，使它飞到天上她住的宫殿，并让它发出女人忏悔的悲哀之声，稻神便知道你们正在受苦。那个庄稼汉照此办理，随着风筝的放飞，他的日子又富裕起来。

凡是要取悦稻神的风筝，都要做得非常好看。马来西亚的风筝匠特别善于打扮风筝。当风筝骨架扎好并糊上一层薄纸以后，他们便开始精心装点。图案要讲究对称，剪贴绘画要费工费时。他们一丝不苟。

马来西亚还有斗风筝的习俗。据说15世纪时，有个王子叫阿哈默德，他放飞一个用一英寸粗的绳子牵引的特大风筝。仗着线粗力大，他用风筝肆意割断村民们的一个个细线风筝，以此取乐。王子的蛮横行为激起一个姓黄的小伙子的愤慨，他做了一个轻捷漂亮的小风筝，在风筝上粘满玻璃碴子。这个风筝起飞后很快就割断了王子风筝的粗线，皇家风筝坠入大海，天空又成了村民们自由放风筝的天地。

日本的国技——相扑

相扑，简言之，是一项角力运动，在日本自古有之。过去它曾作为祈愿丰年的仪式长期流行于民间，后来又作为一种华丽的娱乐形式被搬入宫中。它在战乱时期还曾作过人们防身御敌的实用武技。但作为一种职业性的运动风行于整个日本，在千余年来的发展中，使相扑演变成了具有浓厚的民族色彩的一种日本武技。这一运动，日本人是十分崇尚、十分喜爱的。他们称相扑为“国技”。

位于体育馆中间有个由粘土垒成的土台。这是正式进行相扑比赛的地方，日文叫作“土俵场”。整个台子为正方形，中部为圆形，圆圈直径为4.55米。整个土台的高度在34～40厘米之间。土台的表面薄薄地铺撒着一层细沙。比赛中，“力士”脚掌除外的任何部位都不得触及土台表面，触者为输。同时，力士们也不得越出这个土俵场，只要脚尖接触圆圈外缘就被判为败北。

土俵场的上方，悬挂着个屋顶式的东西。在日本江户时期，这个屋顶是由四根裹着彩布的木柱支撑的。每根柱子外面的布色各不相同，分别为青、绿、赤、白。代表着春夏秋冬四季。1951年后，四根柱子为四条布

日本的相扑比赛

束所代替。自然，那屋顶也就被吊挂在空中。

土俵场的北部为正面，其左侧为东，右侧为西，对面被称为“后正面”。每次比赛以前，所有有资格参加比赛的力士都被分在“东方”与“西方”两组之中。比赛在被称为“行司”的裁判的喊声中开始。随着“行司”的喊声，双方的力士分别从挂着红布处与挂白布处登场。登场后，两力士便开始进行相扑所特有的准备活动。与此同时，前场的胜者或者即将登场的力士为他们递来“力水”，让他们漱口，以增力壮气。两力士漱口后，还要用“力纸”擦拭全身。一切准备就绪，他们便各自捧一把白盐，撒在土俵场上，然后作出蹲姿，全神贯注地虎视对方，以此行

交手礼。礼毕，两力士便走至土俵场的中央，分立在中央分界线两侧，双手下垂，身体前俯，对面相视，调整呼吸。如果呼吸一次调整不好，可反复数次。不过时间是有限制的，力士的级别越高，调整呼吸时间越长，但最长不得超过四分钟。

相扑的裁判共由六人组成。主裁判由手持折扇的“行司”登台担任。其余五人分别在正面、东面、西面及裁判席上。当力士对持扇行司的裁判不服时，则由其他五名裁判协议判定。胜负判定之后，两力士各自返回登场时所立的东、西口处，行礼。败者礼毕后即退场，胜者则要留下来为下面比赛者递“力水”。

比赛前，相扑协会要以一张叫作“番付”的大表重新公布力士们的等级，并根据等级的改变提高他们的收入。

大力士的最高等级是“横纲”。下面是大关、关胁、小结、前颈。这四个等级被称为“幕内”，属于力士中的上层。再次是“十两”与“幕下”。除此之外还有更低级的力士“三段目”、“序二段”。最低一级的叫作“序口”。一名普通的力士要想获得较高的等级是需要花费很大气力的。不经过艰苦的努力，要想获得最低的等级，也是不可能的。

要成为一名真正的力士，首先第一步就要成为相扑协会主要成员“年寄”的弟子。协会对招收新弟子有着严格的规定。规定不足 18 岁的入门者身高必须达到 1.7 米，体重要在 70 千克以上。超过 18 岁者身高则应在 1.73 米以上，体重不得低于 75 千克。此外，还要调查入门人员的家庭情况、健康状态等。

包括这些入门弟子在内，所有的力士都生活在被称作“相扑之家”的相扑协会主要成员的家中。在那里，一切生活事务均由男子承担，很少有女子的协助。在“相扑之家”，力士们学习相扑的各种招数，切磋技艺，严格训练。每个“相扑之家”的人数不等，多者可达 100 ~ 150 人，少者仅有 3 人。但是，不论人多人少，都有自己一套严格的纪律，要求力士严格遵守，不得违反。人们公认，不入“相扑之家”，决成不了优等的力士。而且二百年来，相扑中的强豪皆出自于此的历史也证实了这一点。

相扑的基本招数共有四十八个。一般来讲，在进攻时，力士主要靠颈、臂、腰、足。随着历史的发展，力士们经过数代人的努力，对以往的四十八招进行了提炼与改造。现在，相扑协会将其整理，归纳为七十招、五大类。一类是运用颈与肩的力量攻击，再一类是以臂与手进攻；还有用胸及腹进攻和以腰、膝打击对方的招数；最后的一类则是使用腿、足攻击。当然，这些也仅仅是最基本的招数，力士们在比赛中还会使出许多令人惊诧、出人意料的绝招。但是，万变不离其宗，不论什么样的奇技怪招都不会超越这五大类。

埃及的东方舞

在埃及，热情好客的主人，常常邀请宾客赴大旅馆或夜总会，吃美味餐、欣赏东方舞，这被认为是高贵的礼遇。

东方舞，又称肚皮舞。它渊源于土耳其，初为宫廷舞。16世纪时，随奥斯曼帝国的入侵，东方舞传到了埃及，并渐渐深入民间。当时，只是一些贫困的妇女在街头或咖啡馆跳东方舞谋生。随着现代娱乐场的建立，东方舞便传入了夜总会和酒巴间。

埃及的东方舞表演

东方舞为女子舞蹈，多为独舞。舞蹈者体态丰腴，但不臃肿。由于伊斯兰教教义规定，妇女只准手和脸外露，因此舞女服饰有严格规定，违反者要受罚。村镇舞女一般只穿阿拉伯大袍，胯骨上系一宽带。东方舞的特点是颤动腰、臀、胸部的肌肉，技巧高超的舞女可随意控制腰、腹部任何一块肌肉，令其颤抖，而周围肌肉全然不动。东方舞舞星舞姿自由不拘，两手自然配合，脚步移动位置不大，边走边扭。东方舞舞星各有风格，或以轻松舒展出名，或以热情奔放、活泼欢快见长，或以颤抖剧烈、难度大为其特点。

东方舞在埃及百姓中有着广泛的影响。埃及女孩子尤其喜爱东方舞，不少人无师自通。在朋友聚会上，在办吉庆喜事时，只要鼓掌声一起，就有人找一根带子，围在胯上，脱掉鞋扭起来。埃及人的婚礼十分隆重，双方往往根据父母的地位和财富，相应地雇舞女助兴。

橄榄枝与鸽子成为和平象征的来历

1945年10月，联合国正式成立，它的徽章图案是用两根橄榄树枝衬托着整个地球，意味着争取世界和平。

五年后，为纪念社会主义国家在华沙召开的世界和平大会，西班牙艺术大师毕加索特意挥毫，画了一只昂首展翅的鸽子，智利著名诗人聂鲁达把它称为“和平鸽”。

橄榄枝与鸽子为什么会成为世界和平的象征呢？

这起源于个古老的神话：远古时代，主宰人类命运的上帝认为人间道德风气败坏，十分震怒，决定发一场大水把他们全部毁掉，但经过考查后被证明是唯一好人的诺亚夫妇则可以被保存下来。为此，上帝派出使者，通知诺亚夫妇准备好一艘方形的大木船，并在各种飞禽走兽中挑选一对雌雄，带到船上以躲避灾难。这就是人尽皆知的洪水与诺亚方舟的故事。后来，吞噬一切的洪水逐渐平息，诺亚为了想知道洪水是否已经退尽，特地放出一只鸽子飞出船外打探。鸽子衔着一根青绿色的橄榄枝飞回方舟报喜：洪水已退，和平日子来临，世界生命开始了新的转机！

象征着和平的鸽子和橄榄枝

这个传说被记载在《圣经》中，但从纪元前这本书问世起直至17世纪口衔橄榄枝之鸽子图案的诞生，也经过不断地完善。16世纪兴起于德国的欧洲宗教改革运动中，鸽子成为圣灵的化身。新教徒鲁卡斯说：“耶稣在做祷告时，忽然天门洞开，圣灵化为一只鸽子朝他飞了下来。”文艺复兴时期德国最重要的油画家和版画家丢勒的一幅作品中，也有一只作为圣灵化身的白鸽在圣母玛丽亚的头顶上，这位丢勒同宗教改革领袖马丁·路德周围的人存在密切联系。而在同一时期其他的绘画作品中，象征天命的鸽子更是经常出现在马丁·路德的头上。

17世纪20年代，欧洲爆发了以德意志为主要战场的国际性战争，长达三十年的兵燹给德国的社会经济造成了空前严重的破坏，饱受灾难的人民向往和平的生活，并发现所谓新教、旧教之争只不过是统治者们发动战争的借口。于是，作为圣灵载体的鸽子开始充当和平使者。当时德意志帝国各个自由城市发行了一套纪念币，图案就是一只口衔橄榄枝的鸽子，底下则镌上“圣鸽保佑和平”的铭文。从此，橄榄枝与鸽子才成为世界公认的和平象征，当然，这仅是宗教意义上的。

到了18世纪后期，著名的德国剧作家和诗人席勒，进一步把这种象征从宗教引入政治。他在自己的名作《奥尔良的姑娘》序幕中，让法国的民族女英雄贞德庄严宣告；“奇迹将会出现——白鸽将要起飞，她将以鹰的勇气，去击败那蹂躏我们祖国的秃鹫！”从而使鸽子增添了和平需要用斗争来争取和维护的新的意义，而不再是毫无抵抗力的圣鸟了。

蒙古民族的那达慕大会

那达慕，蒙语为“竞技”之意，是蒙古民族传统的体育活动。每年7月，即蒙古人民共和国国庆节（7月11日）期间，在首都乌兰巴托都要举行全国规模的那达慕盛会，人欢马嘶，一片欢腾，煞是热闹。

那达慕由来已久，具有蒙古民族独特的风格。早在氏族社会时期，以游牧为生的蒙古民族常年奔波，逐水草而居。他们春接羔，秋割草，以备饲料，冬天则要与风雪搏斗。只有夏天才是草原上的黄金季节，水草丰盛，可以十天半月地固定一处，不移牧场。于是，各部落为了彼此交往，商讨大事，往往在夏季举行“聚会”。聚会时，就举行赛马等文体活

蒙古民族的那达慕大会

动，这便是“那达慕”的由来。

据我国史书记载，在我国唐代，蒙古民族就有奔马射兔的“那达慕”。很长一个时期，每次那达慕只举行一个单项比赛，如赛马或摔跤或射箭。13世纪意大利旅行家马可·波罗曾记述蒙古民族举行赛马的壮观场面。1225年铭刻在石崖上的《成吉思汗石文》记载：“成吉思汗征服了花剌子模，为庆祝胜利，在布哈苏齐海地方举行了一次盛大的那达慕大会。”这时，摔跤、赛马和射箭已经有机地结合在一起，被称为蒙古的“男儿三艺”。每个蒙古人自幼便习尚这三项运动，因为它们是牧民们在生产和生活中，特别是与敌人战斗中不可缺少的本领。所以，摔跤、赛马和射箭这三项运动是那达慕的主要传统项目。

随着时代的发展，上个世纪60年代以后，蒙古人民共和国的那达慕，除了以上所述三项传统项目外，又增添了团体操表演、马术表演、摩

托车远距离赛等新项目，再加上音乐、舞蹈的浓郁气氛，更使那达慕增添了色彩。

阿富汗人的叼羊比赛

叼羊是阿富汗人著名的娱乐项目，一般是在阿富汗北部的居民中举行。因为北方的骏马成群，这个叼羊活动使杰出的骑手和他的骏马有展露才华的机会。

描述阿富汗人叼羊比赛的油画

叼羊比赛是在两队骑手中进行的。一般每队人数从 60 人到 100 人不等。比赛前先杀一只羊，把羊的尸体放在比赛场地的中央。两队骑手围在羊的四周。一切就绪后，一声号令，比赛者骑着马向羊奔去。经过一番争斗，其中的一个骑手伏鞍向前把羊抢到手，立即返身疾驰，其他的人紧追不舍。两队的骑手飞马疾驰争夺那只羊，在你夺我抢的过程中，如果羊落到地上，驰过的骑手便以极快的速度把它拾起，这时往往更是骑手显示骑术的好机会。在抢羊时，骑手用一只脚踩马镫，身子偏到马的一侧去拾那只落下的羊，要想抢在紧追不舍的骑手之先，不但要骑术高超，机智勇敢，而且马也必须十分机灵，必要时跪下前腿，予以配合。一旦把羊拾到手，骑手必须立即飞奔避开追来者，本队的人则竭力保护他。在双方争夺之中，这只死羊几度易手。凡是能把它抢过来经过数千米长的激战场地又送回原处的，就是胜利者。在比赛中，如果一个争夺者抢走了对方的外套，或击人一鞭，就是犯规。比赛时，马群飞奔，观众喊叫，大地为之震动，构成一个个惊心动魄的场面。

比赛的场地必须是大片沙土地带，不能有很多石块和地沟，不然是很危险的。比赛时间一般在秋冬两季，那时气候凉爽易人，适于比赛。比赛者戴布帽、穿棉布做的短上衣和长裤，脚上穿长统皮靴，式样和颜色都与众不同。参加比赛的马也有特定的类型。北方较富有的人家对叼羊比赛很感兴趣，他们平时都养有专门参赛的马，马的喂养和训练是特定的。往往由叼羊者亲自喂养和训练。从 3 月到 10 月，这些马在一个专门的地方喂养和受训。每天饲以大麦，每月数次在大麦中加黄油和鸡蛋，夏天要让马吃大量的瓜果。经过这样精心喂养和专门训练的马是很慓悍的，在叼羊比赛中，比赛者骑的马总是起决定性作用的。

巴西的敬牛节

巴西东北部的马拉尼昂州居住着一些葡萄牙人、黑人和印第安人。他们每年6月下旬都要在古城圣路易斯庆祝一个历史悠久的传统节日——敬牛节。节日期间到处充满了欢歌笑语，穿着民族服装的游行队伍随着带有非洲音乐的旋律和有节奏的手鼓声翩翩起舞。在游行队伍中最吸引人的就是那披着华丽服饰的牛。一群小伙子簇拥着彩牛，边走边跳，有时还满怀激情地朗诵。当居民们看到游行队伍的盛大场面时，会情不自禁地参加到游行队伍中去，队伍每到城市繁华之处，会在沿街居民盛情邀请下，停下来表演节目。参加表演的有来自各地的民间歌手、诗人、舞蹈家。节目丰富多采，妙趣横生，富有浓厚的民族气息。他们的表演大都以牛为主题，表达对牛的敬和爱。他们敬牛，是因为牛善良、纯朴、能吃苦耐劳。他们爱牛，是因为他们和牛相依为命。他们常常通过牛来倾诉生活中的苦与乐，抒发对社会的爱与憎。

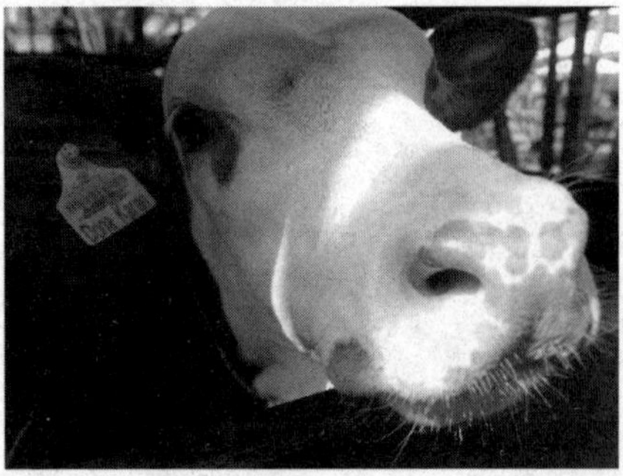

在巴西，牛都有“户口”

欢快的游行队伍陆续来到教堂门口。这里气氛庄严肃穆。首先在圣坛前为彩牛命名，然后举行祈祷活动。圣歌唱完之后，人们便虔诚地向神灵祈祷，祈求神灵保佑他们的牛膘肥力壮，平安无事；保佑他们风调雨顺，五谷丰登。敬牛活动结束后，立刻乐声四起，人们又踏着欢快的旋律跳起舞来。受到赐福的牛，也受到人们的加倍款待。

巴西的敬牛节是从非洲黑人的牛复活节演变过来的。它吸收了当地各族的文化特点，形成了现今的以庆祝敬牛节来向神灵祈求丰收之年的风俗。

巴西人喝咖啡的习俗

巴西素有“咖啡王国”之称，是世界上最大的咖啡消费国之一。在巴西，城市街头的咖啡摊比比皆是。在各银行、旅行社、航空公司等机关的办公室里都免费供应咖啡。咖啡在巴西人的生活中占有很重要的地位。几乎每一个家庭都有天天喝咖啡的习惯。通常，人们把吃早饭叫作喝咖啡，工间休息称为喝咖啡时间。给人小费时也要说一句："给你喝杯咖啡吧！"同时巴西人还把咖啡当作待客佳品。

说起咖啡待客，确也有一定的讲究。当客人进家来访问时，主人总是向客人献上一杯热气腾腾的咖啡，以示对客人的欢迎。作为客人一定要喝主人敬献的咖啡，因为这表示对主人的尊重，否则主人会不高兴的，会以为客人看不起他。反之，如果主人不向客人献咖啡，这就意味着主人对来者持冷淡态度。

在筛选咖啡豆的巴西工人

咖啡是一种常绿灌木，开白花，有香味，在深红色椭圆形果实里有两粒小小的种子，种子烘烤制成粉，便可以作饮料。咖啡香味浓郁，可以解除疲劳，有提神醒脑的功能，是一种最佳饮料。

那么，咖啡是如何发现的呢？传说在公元900年间，在埃塞俄比亚的卡法，有一位牧羊老人在山坡上放羊，突然，发现羊群乱蹦乱跳起来，异常兴奋。老人惊讶不解，仔细一查看，原来羊吃了一种不知名的果实。老人觉得奇怪，也摘下几颗吃了，结果老人也随羊群手舞足蹈起来。后来人们就把这种果实起名为咖啡。

咖啡并非起源于巴西，那么，巴西又是怎样成了"咖啡王国"的呢？这也有着一段神奇的传说。早在1772年，一位葡萄牙军官以中立者的身份去几内亚调解法国和荷兰争夺几内亚之纠纷。在几内亚，一位法国军官的妻子偷了几粒咖啡种子送给了这位葡萄牙军官。后来这位军官把这几粒咖啡种子带到了葡萄牙殖民地巴西。巴西土地肥沃，气候湿润，自然条件得天独厚，加之劳力资源丰富，咖啡很快在巴西的土地上繁衍起来，同时在拉丁美洲其他地方也逐渐推广种植。

世界上生产咖啡的国家有五十多个，但巴西的咖啡产量和出口量一直占世界第一位。

吉普赛人的占卜和巫术

像浪迹天涯一样，看手相紧密地同吉普赛人的生活方式联系在一起。但除看手相以外，占卜也已成为吉普赛人的一种职业或谋生手段，她们靠这种活动帮助丈夫维持生活。尽管早在希腊—罗马时代欧洲就已产生了占卜，但自公元 15 纪初吉普赛人到达西欧之后，这种习俗似乎已成为吉普赛人的专利了。

吉普赛妇女用硬币、扑克牌算命。她们善于观察占卜者内心的活动，能够抓住对方表情瞬间的变化，她们口若悬河、随机应变，像魔术家一样，她们利用硬币、扑克牌的变化来预言未来，告诉求卜者什么时候交好运或遭灾难，并指出消灾祛祸的办法。她们懂得求卜者的心理，因为这些人往往都是生活上不如意的人，而又无力改变社会现实，才把希望寄托在将来，并通过占卜来得知这一切。因此，吉普赛妇女往往故弄玄虚，她们可以对一个结过婚的男人讲：“你的妻子注定要使你戴上绿帽子！”也可以对一个已婚妇女讲：“你的丈夫欺骗了你。”对一个老年人讲：“你的家庭将要遭到不幸，有人要脱离尘世，最好的办法是离开家乡到外地躲避一段时间。”或者对一个年轻人讲：“你有血光之灾，最好的办法是赶快结婚冲冲喜，如能生下一男半女便可万事大吉。”

与占卜相类似的活动是巫术。吉普赛妇女，特别是老年妇女往往施用巫术替病人“治病”。在沙俄时代，吉普赛巫者使用栗子往病人身上擦，每日三次可以“医治百病”。在德国，吉普赛巫婆替人看病时，带上事先准备好的用烧红的针刺过的栗子，诊断时，假装看看栗子是否有黑心，如果有黑心就是病魔缠身。这种特制的栗子当然有黑心，于是病人就要接受她们的治疗并付以酬金。其治疗方法，一种是给病人符水或草药；另一种方法是驱魔镇鬼。这种方法是由女巫先召鬼，施法时病人和家属不准离开屋子，鬼来时屋外发出各种声音，

算命、占卜是吉普赛人的传统习俗

如各种家畜被鬼惊动的奔跑声、屋顶上面的滚动声或咯咯作响的窗户声等。当然这些音响效果全是由巫婆的同伙制作的。鬼被召来后，再施魔法将鬼驱逐，巫婆在室内念念有词，然后户外寂静无声，一切恢复正常。鬼被驱走了，病也就“痊愈”了。

四处流浪的吉普赛人

在用草药治病时确实也有不少被治愈者，吉普赛人由于流浪的习俗，也积累了不少治病防病的经验。他们传统的医药学知识非常丰富，特别是对草药十分内行，什么季节、什么地方生长何种药草，能治什么病，都知道得一清二楚。他们把采集来的草药分别包起来，隔着纸用鼻子一嗅便知道里边是什么药。吉普赛人还擅长兽医学，可以为马、牛、猪看病，甚至这种行业是一个十分重要的收入来源。西方学者对吉普赛人的传统医学做过一些研究，经过临床实验证明，他们的医药是有科学根据和有疗效的。

威尼斯的赛船会

威尼斯“历史性赛船会”，于每年9月份的第一个星期日在大运河上举行。这是全年若干次赛船活动中最为隆重、最为热闹的一次。相传，这个传统性的节日起源于公元1247年9月15日的木桨船赛。后来，这项活动延续下来，直到发展成为今天的赛船会。

赛船会分表演和比赛两部分内容。表演又分体育性船舶编队表演和模仿古代船队化装表演两种。

赛船会先进行表演性的节目：体育性船队的桨手上身穿着各种颜色的运动衫，下身是白色运动裤。船队有秩序地列队前进。一般船上有八至十名桨手。

化装船队的前面是古代威尼斯共和国执政官乘坐的大型画舫，即八桨游艇。船上的乘客都化装成达官贵人、外国的国王和皇后，就连桨手也身着色彩绚丽的外国民族服装。有的船还化装成孔雀或海豚状，还有的饰成中国古代的龙舟——船头上立着木雕的巨龙，桨手们则穿戴着清朝的服装和帽子。按着古老的传统，威尼斯共和国的最高统帅将阿莱桑德罗三世教皇赠给执政官的戒指从船上丢到大运河里，再由海员们潜到水底把它打捞上来。

正式划船比赛一般分四组进行，各组选手都是经过预赛选拔的。上一年的冠军则为今年的当然选手。每组都有九条各涂着黄、紫、蓝、白、红、绿、橘黄、粉红、棕色的船参加比赛。桨手的服装、头巾和腰带的颜色要与自己船的漆色一致。这些船一般都是既小又窄，船舵也灵活，因此不易掌握。参赛的桨手都是训练有素、很有经验的。在这些组赛船中，闻名的“贡多拉小船”组最为重要，被列在最后进行比赛。

船赛的冠军将得到一面奖旗和高额奖金，他们的名字也将载入威尼斯市的地方志。如果谁连续五次获得冠军的称号，则被命名为“桨王”，并获得“桂冠”。

努巴人的角斗

苏丹努巴人各村社之间流传着比武的习俗，这是一种传统的体育运动。努巴人把这种比武称为角斗，然而本村社之间是从不角斗的。这种角斗是在睦邻友好的气氛中进行的，通过角斗使努巴人感到，他们是生活在一个兄弟般的大家庭里，从而增强村社之间的友谊和团结。

努巴人的男子从十三岁便开始和家人分开居住，他们被集中起来学习角斗。他们要经历四个阶段的培训才能成为一个真正的勇士。第一阶段主要是基础训练，并且向他们讲述角斗的古老传统和重要性。当第一阶段结束时，要举行晋级仪式，孩子的父亲把一条白色的带子给他挂在颈上。从此以后他开始进入第二级，并可以和同级的伙伴参加正式的角斗。第二级侧重于素质和技术的提高。当进入第三级时要举行另一次庆祝仪式，邀请亲朋好友参加，宴会要屠宰和烹调一只公山羊，还要招待亲友一种名叫“马里萨”的啤酒。再经过进一步技术、力量训练，才能进第四级，此时角斗技术已趋成熟。当第四级完成之后便成为勇士了，可以同其他村社的勇士进行正规的角斗比赛。整个过程大约要五六年才能完成。

村际角斗比赛前，各村要做好准备，挑战的一方事先要派两名使者到对手村里，发出正式邀请。他们一般在黄昏时刻到达，第一个人举着用皮革做的三角旗，用旗杆不断地敲打着地面，第二个人吹响长长的牛角号。比赛的具体时间、地点要经过双方协商。

角斗多在近黄昏时举行，比赛分徒手斗、棍棒斗和刀斗三种。每一局比赛都设两名裁判，由德高望重的老斗士组成。由于比赛比较激烈禁止妇女参观，她们须用这段时间去化妆打扮，准备参加角斗后的恋舞舞会。当比赛出现险情时，裁判就宣布暂停，如果双方斗得难解难分，可以判为平局。比赛当中斗士被对方击中或被打倒在地不能判胜负，他可以爬起来继续再战，直到有一方精疲力竭认输为止。角斗时允许打击对方身体任何部位，主要的目标是头部。每当斗士击中对方的头部，本村的拉拉队便爆发出一片欢呼声。角斗越激烈，观众的情绪越激昂，受伤是难免的，但有经验的裁判可以防止悲惨事件的发生。

角斗的胜利者获得全村的尊敬和爱戴，并博得年轻妇女的青睐，他的亲属将他驮在肩上游行庆祝。对胜利者还要颁发奖品——一根槐树枝。这根树枝要焚烧成灰，并分成相等的两份，一份在下次角斗时涂身，以求吉利并增加勇气，另一份死后随葬。

北美印第安人的文身

北美印第安人中盛行绘身习俗。

努特卡印第安人喜欢用兽脂拌和颜料在脸部绘上各种图形，并撒上云母碎片，以得到闪闪发光的效果。

海达印第安人在脸上各自绘着图腾标记，颜料为红、黑、绿及青色。通常用红黑二色绘制鱼形。鱼的头部直向额间，尾端分开，伸于两颊，其余部分画于鼻眉之间，也有在右眉画一黑色鲸鱼，左眉画一红色鲸鱼。还有画太阳、月亮、星空或云彩等图案的。

喜爱文身的印第安妇女

特令吉特人的图腾繁多，绘身形象更为多样，如鲸、海豹、海豚、海鳌、鲑鱼、鹅、鹄等等，也有绘制动物某部分的，如乌鸦的翅膀、熊的脚爪和足迹、鲸的膊和尾巴，以及鹅头、狼嘴、鼠脚等等，还有绘制独木舟、太阳、星星、山岩、云朵、波浪等自然物的。

巴凯里人自认豹是自己部落的始祖，他们为自己的儿女身上画一些黑点或黑圈，使它很像豹子。

绘身在不同时间不同场合会有不同。如霍萨吉印第安人在战争期间，凡属参战人员左颊涂以黑炭，而保护和平的人左颊涂红泥。

巴达奇尼亚人在为女孩举行成丁

礼时，参加跳舞的男子身上涂着白色。人死后，死者的亲属、朋友用黑色颜料涂抹自己的脸，寡妇也要把脸抹黑，并把前面的头发剪掉。

文身的习俗在北美印第安人中也十分流行。许多部落的人在经历有意义的事件之后，就在身上黥刺记号作标志，以致许多老年战士脸上、颈部、肩部、胸前、背后、胳臂、大腿上都刺满了他参加过战争的场面和活动的花纹图像。文身通常从童年时代就开始。有些部落是在少女第一次月经来潮时进行文身仪式，有些是在举行成丁礼时开始文身。随年龄增长而花纹逐渐增加。但北美印第安人文身的重要题材是图腾动植物。

多哥的原始宗教

在非洲的多哥农村，许多村庄的入口处都立有泥塑神像。在家庭的院场内、屋门口，也总有一两个，甚至好几个泥塑小神像，在大村庄和集镇中心，还往往建有神庙，供奉着各种神像、神物。这类神像大多造型粗糙，有的只不过在顶部置有象征脑袋的园锥体。神像脸部也至多用贝壳镶嵌出眼睛、鼻子和嘴巴，有的身上还插着一些象征刀戟的铁片。但是，这并不能减弱它们在当地人心目中的神圣地位。

多哥的传统舞蹈

原始宗教信仰万物有灵。受到崇拜和供奉的神灵包括祖宗、庄稼、树木、动物、土地以至天象。

多哥的原始宗教认为，人死了，灵魂依然存在。祖宗的灵魂可以守护自己的家庭和村庄。它们保护后代，驱除灾祸，暗中惩罚伤害本家族的恶人，甚至能使农业丰收。在多哥南方，人们还相信祖宗可以再生，认为每个新生婴儿都是一位祖宗的化身。因此，孩子出生不久，还要举行仪式来让祭师指明这是哪位祖宗的复生。

但是，并不是所有亡人的灵魂都有这么大的威力。据说，能够复生的祖宗首先必须在生前为人正直、清廉，并享有高寿；同时，在他死后，后代还需为他举行丧礼，并经常祭祀以超度他的灵魂。

除了祖宗的神灵，受到供奉的还有不少自然神。多哥人最熟悉的自然神有大气神、村庄守护神、蛇神、雷神、天花神等，其中有些因有益于人类而受到敬重，也有些由于带来灾祸而受到敬畏。在乡村地区，一些高大的树木，如猴面包树、伊洛克树，也往往被视为保护神，上面系着标志神物的布条。

美丽的塔希提岛

塔希提人的吻足礼

在浩瀚的南太平洋上，有一座名叫“塔希提”的火山岛。塔希提一名来源于当地的波利尼西亚语，意为小岛。现为法属波利尼西亚中最大的岛屿。

早在欧洲人到来以前，塔希提岛就是这一地区的政治、经济和文化中心。塔希提人乃是波利尼西亚人中最发达的民族，其社会发展在整个大洋洲居于最高水平，已出现私有制和阶级分化。

在岛上人们盛行“吻足礼”。所谓“吻足礼”，并不是像握手、鞠躬、拱手作揖一类的见面礼，而是低等级对高等级、臣民对国王的一种礼仪，犹如我国过去的叩拜礼。吻足礼之所以在塔希提人中盛行一时，正是反映出他们已进入早期阶级社会的特点。

1942 年殖民化以前的塔希提社会已分为三个阶级：一是首领和贵族，二是大小地主，三是普通平民。除三大阶级以外，在塔希提社会，还普遍存在奴隶和仆役，其来源大多是战俘，少数为负债或犯罪的平民。

国王的权力在殖民时期得到进一步加强。当时的国王已被神化，臣民们都把他当神看待，在称呼他时不能直呼其名其物，要避讳，只能用隐喻寓意来表示：称国王的船为“虹”，称国王的房屋为“天上的云彩”。国王和王后拥有许多神圣的权力——即所谓的宣布“禁忌”。王后甚至被认为是比国王更加神圣的人物，因而她宣布禁忌的权力也更大。譬如，国王和王后看中了臣民们的什么东西，只要他们摸一下，这些东西便被认为具有了一种特殊的“灵气”，任何人就不能再去碰它，谁要是碰了，必将招致灾祸，乃至延及整个氏族，或者还要受到习惯法的惩处。

在塔希提，凡是被国王和王后接

触过的东西，全部成了他们的财产。所以，当他们打算把臣民的某一财物攫为己有时，他们就滥用这一权力。平日，国王和王后一般是不能随便走进他们臣民的房屋里去的，因为一走进去就有了“塔布”，那所房屋就会变成国王的财产，原来的房屋主人就不能继续在里面住下去了。对待土地也是这样。根据同样道理，只要经国王和王后一接触，或在某个地方一走，那些土地就会变成他们的财产了。所以，国王和王后一般只能在属于他们私有的土地上行走。如果要到其他地方去，国王和王后就得骑在御用扛夫的肩上出巡。

当神圣的国王和王后来到跟前时，所有的臣民都得把身上的衣服全部脱光，赤身裸体以表示尊敬，上前说话，必须先行吻足礼。这一习俗若被违反，王室卫队就要把违反者的衣服撕得粉碎。如果由于不小心而碰到了国王和王后，或者让自己的影子投射到他们身上，或者踩着了他的影子，都要以付出生命作为代价，因为这被认为是大逆不道而触犯禁忌的。

国王的地位是极其独特的，在王后生下第一个儿子的那一天，国王便宣布退位，将王位传给他的儿子。

这个婴儿自他诞生的那天起，他便成了塔希提王国的最高统治者。老国王从这时起只能算做是小国王的监护人，代替儿子执政。他对儿子也必须行吻足礼。

吻足礼过去不仅盛行于塔希提岛，而且也盛行于汤加群岛。在汤加群岛，低等级的人跟高等级的人说话要行吻足礼，所有的臣民见到国王要行吻足礼。此外，在亚洲、非洲的一些民族中，如尼泊尔人、毛里求斯人中也实行吻足礼。

澳大利亚土人的巫术信仰

澳大利亚土人除去图腾崇拜以外还有其他的信仰，巫术就是其中最主要的一种。澳大利亚土人的巫术按其性质可以分为四种：害人巫术、求爱巫术、治病巫术和求雨巫术。

害人巫术在这四种巫术中占据特别重要的地位。澳大利亚土人把死亡、疾病和任何意外事件全部归咎于来自远近的部落施展巫术的结果。因此，他们之中的每一个人都非常害怕这种害人巫术，经常担心不知名的敌人会发动突然袭击，暗地里对自己施展巫术，因而无法躲避。澳大利亚土人相信每个人都可以施展巫术去害人，因此没有专门从事害人巫术的巫师，他们甚至相信自己有这种能力加害别人。在阿兰达部落中，如果有人想加害自己的仇敌，他就找一块小而尖的骨头去僻静的地方把它插入土中，然后弯着身对它念咒语：“插入你的身体，让你的心被刺碎，让你的头被刺中，让你的喉头被刺穿，让你的骨架被刺散。”几天以后取回这块念过咒语的骨头，当天晚上在篝火旁他悄悄走到被咒人的背后，手拿骨头连续晃动几次以使咒语生效，以后又把这块骨头扔在被咒人的窝篷里，或者拴在他的长矛或盾牌上，故意让对方知道有人在暗算他。当被咒人知道有人对他施展巫术后，他相信自己已无法逃脱死亡了。因此心情十分忧郁，不思饮食，坐立不安，往往会真的死去。

求爱巫术的目的是通过施展巫术以得到他所喜爱的女人的爱情，这也是每个人都可以施展的巫术。如果谁看上了一个女人，于是他就用一种负鼠皮做成一块头巾，然后用白瓷土涂白或用桉树皮擦亮，把它戴在头上，走到他所心爱的人的面前并念起“爱我吧”的咒语。也有人使用木制的类似箫的乐器来表达爱情，先把这根木管放在冒浓烟的篝火上熏黑，同时念起求爱的咒语，在夜间跳舞的时候对着心爱的人吹，以唤起对方的爱情。这种求爱巫术有时可以得到妇女的私情，但结婚是不可能的，因为澳大利亚土人中存在着严格的婚姻制度，结婚要由部落的长老指定。

治病巫术是必须由巫师来做的。由于澳大利亚土人处于原始、落后的状态，医学极为落后，除掌握某些草药、放血、按摩等民间疗法外，治疗疾病完全寄托在巫师身上。治病的时候，病人躺在地上，巫师用力抚摸其疼痛之处，并用嘴吸吮，然后巫师不断吐出许多小石子和小骨头等，他告诉患者这就是病因，是由于仇人对他施巫术所致。其实这完全是欺骗，巫师看病之前已准备下小石子、小骨头，看病时手疾眼快地放入口中。

求雨巫术只在部分部落中存在，库尔奈人中每个民族集团里都有专职的求雨巫师。求雨的时候，巫师嘴里含着水把它喷向干旱地区的方向，同时口中念念有词祈天行雨。狄耶里部落求雨仪式还要复杂些，每当长期干旱不雨的时候，部落全体成员都要聚集在一起举行求雨仪式，届时要搭个大棚，由两个巫师作法求雨，念动咒语后，他们从手上放血，同时向空中抛撒绒毛，象征着云来雨到。如果仍然不下雨，则又归罪于敌对部落施了巫术。

巫师并不是所有的人都能当的，必须有老巫师的培养，往往是父亲教自己的儿子，或者是由部落长老信任的青年充当，巫师要经过复杂的训练和艰苦磨练的过程，这一时期他们只能是后补巫师，还不能成为真正的巫师。候补期间要严格遵守饮食禁忌，不准许吃油脂以及袋鼠、鸸鹋、蛇和其他动物的肉。同时还要接受难以忍受的肉体折磨，如阿兰达部落要甩石块在候补巫师身上用力刮，这意味着把石头按入他的身体，因为人们相信每个巫师身体内都有许多魔法的石头。还要刺穿他的舌头或在舌头上割一个小口，这个伤口便是被澳大利亚土人信仰的精灵所刺穿的凭证。无论多么残酷的肉体折磨，候补巫师也必须忍受，并且发誓不讲出去。通过这些考验和磨练，一年之后，候补巫师被培养出了威严、神秘、自信的素质，他就被允许从事这一职业了。

根据传授巫术的老师的不同，巫师可以分为三类：由精灵传授的、由恶魔传授的和由老巫师传授的。由精灵和恶魔传授巫术的，并且继续保持和它们交往的巫师更多地受到人们的尊敬和畏惧。

习俗禁忌

阿拉伯妇女披面纱的风俗

阿拉伯妇女最显著的特征就是戴盖头，披面纱。在公共场合，陌生人很难看到她们的容貌。面纱一般都是黑色的，有的比较薄，妇女们可以从蝉翼般的面纱里看到周围的事物。多数面纱不透明，而且戴得十分严实。有些国家妇女的面纱上只留一个窟窿看路，称作“独眼面纱妇女”。南也门哈达拉毛妇女的面纱上只露出两眼。北非地区妇女的面纱则毫不漏风，妇女们外出，只能在面纱上扒开一道小缝以便看路。

面纱大多以丝绸制成，有三角形、正方形、五角形等各种形状，长的可拖至脚背。有钱人家的女子用金银丝线嵌绣面纱，或在面纱上佩戴五光十色的首饰，显得光彩夺目。但是蒙面纱给人的总体印象是封闭的，头

出门披着面纱的阿拉伯妇女

戴黑色面纱，身着黑色长袍，全身遮盖无遗，这就是外人所能见到的阿拉伯妇女形象。

为什么面纱会成为阿拉伯妇女不可缺少的服饰呢？这是因为阿拉伯妇女信奉伊斯兰教，受伊斯兰教教义的约束。伊斯兰教戒律认为，妇女全身都是羞体，男人若窥见陌生妇女的面容，被认为是不吉利的事情。戴面纱是对男人的保护，也是对妇女的爱惜。因此，披面纱是穆斯林妇女的义

务，也成了穆斯林国家的风俗。

在一些阿拉伯国家里，女孩长到六岁就要深居闺房，长到十岁就要穿成年妇女的装束，全身要遮盖起来。平时，她们只能在家中窥视街道，如必须出门，也要戴上严实的面纱，迅速穿过僻静小巷，不得经过热闹的市场和公共场所，而且必须在日落前返回家。各行各业的从业人员大多数是男子，少数在政府机关和国家企业内任职的妇女也是隔着面纱与同事打交道。至于服务性工作就不得不聘用男子担任，而空中小姐之类必须由妇女担任的职务就请外国女性来担当了。

戴面纱的情况在各个国家或同一国家的不同地区还是有区别的。有些山区妇女不戴面纱而戴草帽，两肘也允许露在外面。农村中也可见不戴面纱的村妇顶瓶打水或在田间劳动。在游牧地区，壮年妇女大多抛开面纱与男子共同劳动，还有很多人用头巾与披肩来代替面纱。

现在，受妇女解放潮流的影响，穆斯林国家的妇女地位也有了变化，她们中的不少人，尤其是大城市中的妇女，抛开面纱长袍，穿上西服，甚至敢于穿上袒胸露臂的时髦服饰，和男子一样参加社交活动。沙特阿拉伯奉行伊斯兰教传统已达十四个世纪，在1981年曾作出新规定，妇女可向未来新郎撩去面纱，订婚仪式以后未婚夫妇见面时，女子就可以不蒙面了。这是沙特阿拉伯妇女生活中的一个进步。但是，传统习俗的影响是根深蒂固的，因此，直到今天，阿拉伯妇女戴面纱仍是十分普遍的。

印度妇女在眉心点痣的习俗

印度及一部分东南亚国家的大多数妇女额头正中都有一颗指头大小的红痣。这种痣是人工点就或用红色锡箔贴上的，印度人称之为“特丽佳”或“特佳”。点上红痣，确实使印度妇女平添了几分妩媚。不过，以前眉心痣的装饰作用是次要的，它的不同颜色和形状往往表示不同的意义。总的来讲，它是喜庆、吉祥的象征，因此，人们称之为“吉祥痣”。

吉祥痣可用于祈福。印度是个佛教国，在参加敬神活动或其他由祭司主持的庆祝活动时，祭司总是边向人们祝福，边代表神向善男信女们的头上涂红粉。他们不是涂圆点，而是在脑门中划一条竖线，这是吉祥痣的一种。过去印度将士出征前，家人都在他们头上涂这种吉祥痣。直到现在，亲人远行时，家人们也常用点吉祥痣来表示对他的良好祝愿。

吉祥痣又有消灾避祸意义。在印度，当孩子长得很健康聪明时，家长

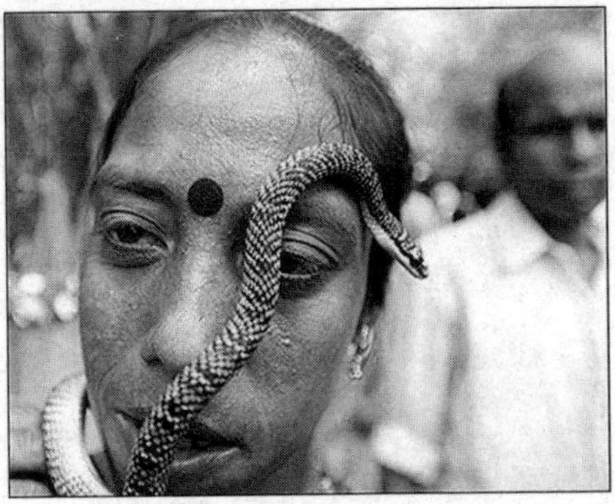

在印度，吉祥痣是喜庆、吉祥的象征

们反而会担心，认为这样的孩子易为妖魔看中，会有灾难临头或中途夭折。因此，故意在孩子眉心点上一颗黑色的痣，以减少孩子的可爱程度，达到消灾避祸的目的。

吉祥痣还有表示身份的功能。过去印度姑娘在结婚时，除了在中间的头发缝里涂上朱砂记外，往往由新郎亲自用朱砂在新娘前额点上吉祥痣，因此，红色吉祥痣是已婚妇女的标志。在印度教徒的婚礼上，新郎新娘的父母也要相互点痣，表示从此是一家人了。未婚女子与寡妇不能点痣。如已婚妇女不点红痣，会遭到老人与亲友的指责，认为她有意咒她丈夫遭到不幸，别人也会对她的丈夫是否健在表示怀疑。但是现在印度妇女点痣的范围也大大地扩大了。无论是印度教徒还是其他教徒，无论是已婚还是未婚，甚至几岁的小孩，也都可点上吉祥痣。他们把吉祥痣视为一种有民族特色的时髦装饰。只有寡妇点痣仍为习俗所不容，但敢于冲破习俗罗网、在丈夫死后仍然点吉祥痣的妇女也并非绝无仅有。

现在，吉祥痣的装饰意义是大大增强了。它可以有不同颜色，许多妇女为了使自己更美丽，往往准备多种颜色的塑料贴片，穿什么颜色的纱丽，就用什么颜色的吉祥痣，使自己浑身上下色彩协调。吉祥痣还可有不同形状，可以根据不同的脸型、发式、衣着及爱好，点成三角形、五角形的吉祥痣。随着时代的前进，吉祥痣的其他意义或许会淡化或消失；但只要它给人以美感，作为装饰性的吉祥痣就会长久地存在于印度妇女的生活中。

日本剖腹自杀的由来

剖腹，日本人称“切腹”，有时也称“割腹”、“腹切”、“屠腹”。这是日本人自杀的一种方式。

剖腹自杀的习俗，始于12世纪日本平安时代。在1119年成书的《读古事谈》中就有这样的记述：“有藤原保辅者，拔刀、剖腹而死。”源平争战（1180～1185）之后，开始普遍流行于武士中间，到了中世纪末江户时代（17世纪），则进一步形成

日本军人在剖腹自杀

了一整套的剖腹仪式和方法，并成了上层武士死刑的固定形式。

完整的剖腹方法，是用短剑先刺入左腹，横向右腹切成“一”字形，再从胸口刺入下切，成“+”字形，最后拔出剑刺入喉部。

剖腹这种世界上少见的自杀方法很痛苦，且不容易致死。武士们之所以选择身体的这个部位进行自杀，是因为要以此方式，对主子剖开红心见忠诚。新渡户稻造在他的《武士道》一书中就是这样写的：“打开灵魂之窗请君看，是红还是黑，请君自公断。”在战场上或在别人面前自杀，这里又是最显眼的部位，这种举动，可以显示自己勇敢不怕死。不要说古代，就是当代日本人，在西方文化大量涌入这一矛盾冲突的漩涡中，也出现了三岛由纪夫这样“七生报国”的剖腹自杀者。

剖腹自杀，曾经是武士们挽回名誉和解决各种复杂问题的必要手段，除了在战败时，为了免招被俘的耻辱而剖腹的情况外，还有“追腹”（主子死了，殉死尽忠而剖腹）和“诘腹”（受到舆论的谴责而剖腹）。武士们不但用它来表示对主子的忠诚，而且还用它来表示自己对某项重大错误、不当行为的负责精神。

武士道的神圣信条，就是对君主必须尽忠守节，忠、智、仁、勇是他们的精神支柱。武士中间，提倡“重然诺，尚忠勇”。忠勇的具体表现就是复仇，复仇被武士们认为是高风亮节的“美行”。1702 年 7 月，赤穗藩七十四浪士（失去主人的武士）为旧主复仇后全部被幕府判处剖腹之刑，浪士们对此感到不胜荣幸。另有一记述称，有一家兄弟三人，哥二十四岁，长弟十七岁，小弟八岁，为了替父报仇，兄弟三人欲杀幕府第一代将军德川家康。他们在潜入德川家康住处时不幸被擒，后被处以剖腹之刑，三人一个接一个从容自杀，毫无惧色。不以为惧，反以为“美”，这正是日本封建武士的道德观。

剖腹作为死刑的一种形式，是从 16 世纪末开始的，到了江户时代，剖腹已经在刑法和礼法上成了一种制度。当时，它被人们视为一种严肃而又庄重的行为。平民百姓一般不许处以剖腹的刑罚，只有被称做“侍”的上层武士，才可受此剖腹之刑。可以说，它已经成了武士阶级的一种专美行为。当武士被赐“剖腹”时，也还根据其财产的多少和势力的大小，在仪式和规格上给以区别。例如，江户幕府法中就规定，具有五百石财产以上的武士，在大名（一万石财产以上，直辖于幕府有权势的上层武士）宅院里执行“剖腹”，此级别以下的武士只能在牢狱或别的地方执行。

作为刑法的剖腹，实为斩首刑。之所以采取剖腹的形式，也是武士重名誉的一种表现。这种名义上的剖腹刑一般是在傍晚到夜间这段时间进行。首先，在庭院的土地上铺上沙子。再在上面铺上两块崭新的榻榻咪（日本式房间里铺的草垫子），然后用白布、红毡等盖起来。行刑时，官吏和众武士要按规定跪坐在四周固定的位置上。受刑者着一身浅黄无纹章标志的武士素礼服（一般武士服装上都有纹理和自己所属藩主家的纹章），当受刑者跪坐在台上时，正副两个辅刑人（往往由剖腹者的剑术比较高超的亲属或友人承当）走上前来，正辅刑人报过姓名后深鞠一躬，拔出剑站立在受刑者的身后。这时，一官吏上前，把用上等白纸裹着的七寸五长的木制短剑（有时是折扇，这时叫“扇腹”；有时也用真剑）放在一个方形小桌案上，摆在受刑者的面前。此时，副辅刑人上前重新摆正方案的位置，然后帮助受刑者整装。受刑者脱去肩衣，当他向方案伸手取剑的刹那间，正辅刑人即挥剑斩其首，以此宣告“剖腹”结束。

当然，也有受刑者在剖腹过程中辅刑人砍头行刑的情况。当辅刑人感到剖腹者剖到十分痛苦处时，就迅即将头砍下，结束行刑。

这种“剖腹刑”一直延续到明治初期。1873 年 6 月（明治六年）国家颁布的《改定律例》才废除了这种刑法。然而，剖腹这种自古沿袭的自杀方法，却一直保存了下来。

西方人忌讳“13”的来历

西方人普遍忌讳“13”这个数，认为这是凶险的，应尽量避开它。因此，船只不在 13 日启航，飞机不在 13 日试飞，宴会不能 13 人同桌，门牌、楼层及多种编号都不用 13 这个数字，12 层楼之上就是 14 层，13 号房往往同 12A 来代替或者干脆不设。学生们在考场拒绝坐 13 号座位，旅游者绝不选择 13 日开始游山玩水。对无法回避的 13，如每月的 13 日，有些人也终日惴惴不安。英国作家艾迪生有一次参加一个聚会，正当大家兴高采烈、笑语喧哗时，一位老妇突然指出在场者是13人，好些人为此惊恐万分，有的准备立即离席而去。幸亏有人发现女客中有一位是孕妇，马上宣布房间里是14人；由此才解除了来客内心的不安。因此，在西方，人们最担心的是请客时有人临时缺席或突然有不速之客到来。为使宴会摆脱13这个阴影，还产生了召之即来的职业性14号宾客。如果13日正好是星期五的话，那更使许多人感到惶惶不可终日，有些人甚至借口有病全天不起床，以避免不吉利的事情发生。13这个数字是多数西方人心灵深处的阴影，因此，有的学者称之为"数字13恐惧症"。

为什么西方人惧怕13日尤其当它与星期五连在一起的时候呢？据说，原始人只会以十个手指加两只脚来计数，只能数到12。这样，13就成了不可知，捉摸不定的可怕数字。

又根据传说，蛇引诱夏娃和亚当吃禁果就是在13日，这天是星期五。

另据北欧神话，在一次款待阵亡英灵的宴会上，共有12位神仙在座。席间，凶神罗基突然闯入，最受人爱戴的光神鲍尔德因此罹难，人们认为是罗基带来的13这个数字害死了鲍尔德。

最有影响的说法是：《圣经》记载，耶稣同12门徒共进"最后的晚餐"时，在座的13人之一犹大出卖了耶稣，使他钉死在十字架上，而这一天正是星期五。这一典故，加深了人们尤其是基督教徒对13的忌讳。

在中古时代，绞死犯人的刽子手的薪金是13个钱币，绞环有13个绳圈，绞台有13级阶梯……如此众多的历史文化因子，积淀成了许多人心灵深处的"数字13恐惧症"。

"数字13恐惧症"会长久不衰地流行，还由于有不少人往往在不幸事件发生以后牵强附会地以13为不幸的原因。南非一家爆竹厂发生爆炸事件，死了8人。事后，厂主解释说，这一惨案与13有关，因为公司门牌号为13，出事那天是13日，该厂还在这天由7人增加至13人，因此，这爆炸事故是无法避免的。1970年美国一次航天试验失败，有人归结原因说，在4月13日，从13的3倍——39号发射台升空的"阿波罗13号"不失败才怪呢！

除欧美国家外，非洲的加纳、埃及，亚洲的巴基斯坦、阿富汗、新加坡等国也都不喜欢这个数，我国也有相当一部分人相信13的魔力。看来，"数字13恐惧症"的治愈，并不是指日可待的，在理性程度普遍提高的时代，人们才有可能解脱这一历史的重负。

世界各民族对色彩的忌讳与偏爱

红、黄、蓝三原色不仅构成了五彩缤纷的自然界，而且也渗透了人类社会。人们运用各种色彩来丰富自己的物质生活和精神生活，使整个世界变得绚丽多姿，美妙动人。某种颜色往往会引起人们某种共同的生理、心理感受。然而，色彩又往往会引起人们的联想，这种联想除了具有一定的共性外，在很大程度上还受到各种社会文化因素的制约。世界各民族基于其特定的社会文化条件，在漫长的岁月中赋于色彩某些独特的象征意义，形成了各自不同的色彩意识。于是，各民族在色彩的运用上便产生了不同的讲究。这种讲究具体表现为对某些颜色的忌讳或偏爱。

忌讳某种颜色的现象在许多民族中是普遍存在的，这是与各民族的自然环境、宗教信仰、审美情趣、社会心理等密切相关的。

如欧洲中世纪的基督教神学家们认为彩色代表着事物危险和暧昧的一面，颜色太丰富多彩会转移教徒的注意，使一颗虔诚的心日益沉沦，因此，他们禁止教徒穿彩色衣服，禁止在教堂上涂颜色，还反对教徒制作和使用颜色，于是黑、白、灰成为人们日常生活的基本色调，今天常见的灰大衣、黑礼服、白衬衫便是这三色的传统搭配。

此外，一些基督教国家和许多伊斯兰教国家忌讳黄色，也是基于其宗教原因。

因传统习惯和社会心理产生的颜色忌讳也很常见，例如中国由于长期沿袭葬仪式用白的习俗，所以在特定的场合下，如结婚、祝寿、过年等喜庆之时人们忌穿白色的衣服、忌用白色的器具，甚至有的地区在新年期间还忌食白色的豆腐。还有一些颜色忌讳则是因政治原因产生的，如法国人特别厌恶墨绿色，因为它使人联想到纳粹军人的服色，从而使人回想起他们所遭受到的战争痛苦。

对某种颜色的偏爱也是由上述原因产生的。如在古代日本人的心目中白色是最美好、最神圣的颜色，因为在日本神话中有个众神栖息的地方——高天原，谁要想进入这一圣境就必须具有清纯洁净的心灵，而代表这种心灵的便是白色。因此，白色常常成为人、神间的媒介，神社要铺满白纱，神官要穿白衣，而人们日常生活中亦多用不施色彩的木材。又如巴基斯坦、伊拉克、埃及等伊斯兰教国家以绿色代表其宗教，象征为生命之色，因此特别钟爱绿色，它不但被用在国旗上，而且盛行于人们的日常生活中。

现代色彩学研究还证明了某一民族长期生活在某一地区中，便会对其环境色产生习惯性的适应与爱好，如意大利人偏爱黄、红色，北欧人偏爱青、绿色，便与意大利的阳光偏黄橙色、北欧的阳光偏青绿色有关。

当然，颜色的涵义是多重而复杂的，而且随着时代和社会的变化，人们的色彩意识也在不断改变。如果说颜色的自然属性今天已不再是秘密的话，那么，对它的社会属性的认识则远未结束，它还值得人们不断地去探索、研究。

人们常用五与十来表示圆满的来历

人类长着两个天然的计算器——我们的双手，每只手有五根手指，古人屈指计数，至五、至十而尽，自然而然地就形成了以五与十表示圆满、具备、完全的习俗。

在中国传统文化中，这种以五以十为圆满之数的习俗处处可见。

古代以东、西、南、北、中五个方位表示全部地域，以五色代表全部颜色。认为金、木、水、火、土五行构成了天地万物。五谷泛指全部供人食用的谷物。五味包括了人的全部味觉。人脸上有五官，内脏统称五脏，五内。人际关系统称五伦，道德修养要坚持五常，各种礼仪统称五礼，人的全部亲属按丧服分为“五服”。一夜划分为五更，天下名山有五岳。传说中的帝王有“五帝”，刑罚统称五刑，审讯的方法是“五听”，武器的统称是“五刃”，帝王及贵族要“五祀”。

十表示圆满，圆满无缺就叫十全十美。杂取各种不同事物、不同样式配合成的整体，称之为“什（十）锦”，如十锦菜、什锦橱。中医有十问、十剂、十全大补药，民间乐器叫“十番锣鼓”，甚至法律规定的最重的罪名也叫“十恶不赦”，形形色色各种现象总称“五光十色”。

在世界其他民族中也往往有类似的习俗。如犹太教、基督教对其信徒的要求也都称“十诫”。佛教中冠以十的教义要求更多，诸如十力、十戒、十因、十地、十事、十善等等。罗汉有五百尊，拜佛也要求“五体投地”，表示全身心的敬奉。伊斯兰教的教义要求其信徒做到五功，每日要行五次礼拜。

在中国古代五与十表示圆满的习俗，还受到儒家思想和文字书写本身含意的影响，认为一横代表东西，一竖代表南北，四面八方全部具备于此，故称十为数字的全体之具备。而五字又具有神秘性，“五，五行也，二从阴阳，在天地间交午也。”把五字的上下两横看作是天与地的象征，中间的竖、横勾表示天地阴阳的交配繁衍万物。近代有人认为，五与鱼音近，在甲骨文中写作区或凶形，与鱼形类似。古代华夏族有以鱼为图腾崇拜物的部落，如仰韶文化中的半坡遗址就是以鱼为图腾崇拜物的。五从图腾崇拜的鱼转化而来，因此一直被视为神圣。所以，中国文化中以五为圆满具备的习俗比之其他民族文化要鲜明得多。

蒙古人与颜色

生活离不开颜色。一个民族的生活，因其对颜色的选择和追求上的传统习惯，而形成该民族特有的风采。颜色又是无处不有的。从一个国家的国旗、国徽到每个家庭的衣带、鞋帽，从物质生活的色彩到精神生活中对颜色的寄托、寓意，无不渗透一个民族的愿望和情绪，并展现出该民族的风貌。蒙古人对某些颜色的喜爱和对另一些颜色的厌恶，形成蒙古人别具色调的生活画图。

在人民革命胜利前，蒙古人把自己的国家称作“蓝色的蒙古国”，首都叫“蓝色的巴勒嘎斯”（蓝色的城堡），可汗（皇帝）的宫阙叫“蓝宫”。1921年人民革命胜利以后，蒙古人觉得蓝色还远不足以形容革命后的新事物，唯有“红色的”才是更恰当的修饰词。他们把首都改称作“乌兰巴托”——红色英雄。作家达·纳楚克道尔吉作为人民的代言人，把自己的祖国称颂为“红色的蒙古”。由此可以看出，蒙古人不但爱蓝色，而且更爱红色。

红、蓝、黄、绿、白五色，在蒙古人的生活中扮演着主要角色。只要观察一下他们的民族服装蒙古袍的常见颜色和蒙古人日常的用品，不难发现，这五色是如何和谐地出现在蒙古人的生活里。而在这五种主要颜色中，蒙古人从古代起最喜爱的是红色、蓝色和白色三种。

蒙古人给某些颜色赋予特定的含义，这些具体的颜色并有其象征意义。

“乌兰”——红色，象征着幸福、胜利和亲热。如“红日”、“红火”、“火红的心”等等，每每出现在民间文学的字里行间。红色的太阳曾经是古代蒙古国家的象征。蒙古姑娘头上系着红色带子，就是青春与艳丽的象征。

“呼和”——蓝色，象征着永恒、坚贞和忠诚。蒙语中的“蓝色的城堡”，这个“蓝色”无疑并非实指的、具体的颜色，而是采用了其象征意义。

“夏尔”——黄色，据说是蒙古人所崇敬的颜色。传统的作法是，重要的文件或严肃的公文都是慎重地书写在黄色的纸上或黄色的绸缎上的。在民间，黄色被当作金子的颜色加以敬重。蒙古人提到祖国大地、茫茫的草原、广漠的大戈壁时，往往冠以“金黄色的”这一修饰词。

“察干”——白色，在蒙文中广为运用。白色是纯洁、质朴之色。蒙古人赋予与“白色”组成的词汇以特定的含义，这就是：诚恳、公正、美好。例如，说到善行、义举、诚心诚意、胸怀坦荡、清白无辜等等，往往离不开“白色”这个词。可以说，“白色”一词在这些地方充分表达了蒙古人对真、善、美的向往。蒙语中，“白月”即正月，“白色城墙”即长城，“亮而白的一天”就是丽日晴天，如此等等。这当中的“白色”均包孕了美好、希望与崇敬之意。

与上述颜色相反，“哈尔”——黑色，是蒙古人最厌恶的颜色。在历史文献与蒙古人的生活中，黑色被视为不祥之征，意味着不幸、贫穷、威胁、背叛、嫉妒、暴虐等。

属相冲克的迷信习俗

受属相冲克之说影响最大的是婚姻，其次是丧祭，而许多日常小事也受到它的影响。据说属虎的人不可去看新生的小猫，如果看了，母猫就会把小猫叼走藏到隐秘的地方。还说属鼠的女人月经量少，属牛的女人月经量多，属羊的最好生在春夏两季，因为春夏时青草茂盛，羊有草吃不会挨饿，秋冬的羊就苦了，因此秋冬两季出生的属羊人大多是命多贫苦。这些当然都是无稽之谈，可是一般人却深信不疑。

属相冲克经常会影响婚姻，过去男女双方不管其他条件有多好，多么般配，如果算命的算出两人的属相冲克，那就不能结合；相反，如果两人的八字算来是非常理想的“上等婚”，不管本人愿意不愿意，家人和媒人必会极力撮合。所以旧式婚姻造成许多怨偶，双方都会痛苦一辈子。一般人又认为女人属羊或属虎命多不好，属羊的命孤苦，属虎的命硬，会妨克丈夫，没人敢娶她，因此论嫁的时候多半要瞒着岁数改属相。俗语说：“女命无真，男命无假”，就是由此而起。

有关属相的相配或相冲克，命书里有很详细地解释，不是一般人都能懂的，可是通行的历书里都有嫁娶合婚这一项可作参考。当年在北平，街头卖的“大本皇历”里有一段歌诀专讲这件事，里面有这样的话：“金鸡配玉犬”，“白马配青牛”，还有“蛇虎如刀错”，“羊鼠一旦休”，“猪猴不到头”等等。这套完整的属相冲克歌诀，可以说是研究婚姻迷信的上好资料。

此外，办丧事大殓时候也要忌属相。人初气绝，家人先为他沐浴更衣停放灵床上，这是所谓“小殓”，等到棺木来了，才举行“大殓”。“大殓”时候禁忌很多，有一项禁忌就是某种属相的人必须回避，这些都由阴阳先生算出写在“殃书”上。正和婚礼择日单子一样，丧礼的许多细节也要写在“殃书”上，然后照单行事。“殃书”的性质和现代医院开的“死亡证明书”差不多。从前如果死者不是善终，阴阳先生可以拒绝不开“殃书”，死者没有“殃书”就不能入殓安葬。

神密的数字“七”

“七”是一个普通数字，然而，许多国家、许多民族却把它视为一个神秘、神圣的数字，对它十分崇仰敬畏。

古代巴比伦人、埃及人、中国人都认为天上存在七颗神圣的星，这就是太阳、月亮、水星、金星、火星、木星、土星。

基督教认为，上帝创造万物是在七天内完成的，因而有一周七天之分，星期日为安息日；主祷文分为七个部分；圣母玛利亚有七件欢乐的事，七件悲哀的事，等等。

伊斯兰教认为，天堂分为七层，依次由纯银、纯金、珍珠、白金、银、红宝石和不可企及、无法言喻的圣光构成。第七层即圣光构成的最高天堂，由亚伯拉罕主宰，在这里，硕大无朋的天使们齐声颂扬最高的主——安拉。每个天使有七万个头，每个头有七万张脸，每张脸有七万张嘴，每张嘴有七万条舌，每条舌讲七万种语言。真可谓千言万语，同声赞美，人声鼎沸。

犹太教认为犹太人每七天有一个安息日——星期六，每七年有一个安息年，在安息年里人们不事耕稼，休养生息；每过七七四十九年，为犹太人的五十年节，要举行盛大的庆典；一年有三大节日，每次历时七天；第一个和第二个节日相隔七个星期。

佛教有所谓释迦牟尼面壁七天修成正果的传说；依据佛经，万物皆由七种本原生成，它们是地、水、火、风、空、识、根；按照佛教习惯，人死后要祭奠七七四十九天；此外，佛教还有许多与七有关的习俗，例如寺院分为七堂：金堂（本堂）、讲堂，塔、经藏、钟楼、僧仿、食堂；人生灾难有七种：火、水、罗刹、刀杖、鬼、枷锁、怨贼；等等。

在许多国家和民族的文化习俗中，与“七”相联系的也比比皆是。例如，西方国家尊崇所谓“七德”：审慎、坚毅、克制、公正、信、望、爱；回避所谓“七种会遭天罚的罪过”：傲慢、暴怒、忌妒、色欲、暴食、贪婪、怠惰；古希腊的贤者被推出七位，也称“希腊七贤”；世界古代宏伟建筑有“七大奇迹”；人们还曾把世界的海域划分为七大洋：北冰洋，南极洋（实际是洲），南、北太平洋，南、北大西洋，印度洋；中世纪的神学家将人类知识分为七大学科，即算术、音乐、地理、天文以及雄辩术中的三种方法；现代的生物学、心理学家把做梦、记忆等现象戏称为“生命世界的七大奇迹”；犹太人、阿拉伯人至今仍喜欢以“七”来起誓；日本人常常祈祷所谓“七福神”降福，等等。

为什么世界上众多民族和一些主要宗教如此崇拜、敬仰数字“七”呢？有人认为，古代许多民族知道太阳、月亮、水星、金星、火星、木星、土星。日月行空，给人间带来了光明、温暖和生命；昼夜交替，人们不得不日出而作、日入而息；春华秋实，潮涨潮落，甚至女人月经来潮，无不与日月星辰有神秘的联系。于是，代表七星辰的数字“七”也就蒙上了种种神奇色彩，进入各种宗教传说、神话故事、典籍制度中，渗透到许多民族的文化传统和世俗习惯中，一代一代地承继了下来。

越南人嚼槟榔的习俗

嚼槟榔是东南亚许多国家和民族，特别是越南的京人、岱人、傣人、埃迪人的一种特殊嗜好。

槟榔树是一种常绿乔木，属棕榈科植物。有红槟榔、白槟榔两种。

白槟榔的果实大，白而硬，嚼时必须把它切成小块，每次嚼一块。

红槟榔的果实橙红色，像红枣一般，小而软，每次可嚼整粒。

嚼槟榔有消积、行水、杀虫、麻醉等作用，并对牙齿起到保护作用。嚼时，用蒌叶包上一点石灰或砚灰，然后放入嘴中与槟榔同嚼，使槟榔起化学作用，变出血红色的汁液，吐出渣子，咽下汁液，会使人陶醉，产生一种昏昏然的感觉，久嚼成瘾，如抽烟、喝酒一样。他们多在饭后嚼，待客、送礼尤不可少。今越南京人还把槟榔子当做信物，无论求婚、请客，均送给对方一颗槟榔，如汉族的请柬。

嚼槟榔还有另外一种意义，长期

的咀嚼，人的牙齿便被染成漆黑的颜色，这就是我国古籍所说的“漆齿”或“黑齿”，并由此称这些民族为“漆齿蛮”或“黑齿蛮”。这些民族也自以“漆齿”、“黑齿”为美观。

巴洞妇女以脖子长为美的习俗

巴洞人属缅甸的一个少数民族，系克伦人的一个分支，主要分布在克耶邦和掸邦的南部山区。他们的住地四周为高山环绕，交通闭塞，与外界很少往来。

“巴洞”一词，在该族语言中意为长脖子，这是由于该地妇女的脖子，普遍比其他地方要长三四倍。但是，她们的长脖子不是天生的，仰光医院对巴洞妇女进行了体检，在X光照射中揭示出了奥秘：原来这是因为在颈部套上了许多金属项圈，使脊柱的韧带逐渐被拉长了，甚至锁骨及肋骨也渐渐被压了下去。

巴洞女孩从五岁时就要开始戴项圈，在此以前她们就常常有意识地相互用力把颈项向上拉长，为戴项圈做下准备。第一次戴项圈要举行隆重的仪式，先由村中巫师用鸡骨占卜选择吉日，届时全村人都要盛装参加庆祝，赠送礼品，其家要备米酒款待。

这一天，先用一种秘制的软肤膏，在小女孩的颈项上反复揉擦，再把头部牵拉和扭动约一小时，然后母亲站在背后双手托起女儿的下颌向后扭动，于是，巫师把高约10厘米的螺旋项圈套在小女孩脖子上。这种项圈，富有者可用黄金制成，一般则用铜制，直径约12厘米，上面有时点缀着一些银币或其他贵重的金属饰物，以示华贵和富有。

初套项圈时，因为疼痛必须在项圈挨着下颌和挨着肩锁骨的部位用布垫上，待习惯以后再把垫布去掉。为了求美，女孩儿们都甘愿忍受这种苦痛。因为巴洞人认为长脖子是女性美的一个重要因素，男子选择对象时都以脖子长为重要条件，社会舆论也都推崇与戴有项圈的女子结婚。

随着身体发育和年龄增长，每隔两年就要更换一个更高些的新项圈。在弃旧换新时，母亲必须用手替女儿托住头部，另由他人更换。经过多次更换后，最多可达24层铜圈，每层高约一厘米，总高24厘米。这些铜圈给她们的行动增加了很多困难，使她们甚至无法低头看在胸前吃奶的孩子，如不弯腰，也无法看到自己的双脚和脚边的地面，特别是饮水时极不方便，只能上身和头部同时向前倾斜，通过一根芦管啜吸。由于铜圈长期紧箍，使声带发生变化，听起来似乎是从一口深井中发出的声音。

戴上项圈后，给擦洗颈部增加了麻烦，并且由于颈部出汗必然会使皮肤染上绿色的铜锈，所以每到黄昏，在树中的池塘边常见一些妇女用湿毛巾伸入项圈和脖颈间的空隙上下擦动，同时也擦洗项圈，使之保持光洁。

据说，这一风俗对保持妇女贞操很起作用。假如某个妇女有了外遇，按惯例最严厉的惩罚就是把她的项圈除掉，她就不得不用手扶着自己的头部行动，不然就得一直躺在床上。至于戴项圈的起源，据本族老人们说，他们当地老虎很多，因为老虎吃人先咬人颈，为了防御而设计出这种项圈。另一种说法，是他们自认为是神话中龙的后裔，脖子拉长可使她们看起来像龙。关键恐怕是巴洞人认为长脖子最能体现本民族女性的美。

除了项圈以外，巴洞妇女一般在手臂和小腿部也戴有螺旋形的铜套圈。这样既可使她们不做繁重的劳动，也使她们显得娴雅美观。实际上，尽管她们行动不便，也得照样从事捣米和田间耕作等劳动。

戴项圈的习俗，近年来已愈来愈少见。巴洞少女中，拒绝使用项圈的也日益增多，但是年长的妇女，即使想摘掉项圈，实际上已不可能。因为颈项韧带早被拉长，去掉项圈后颈部软弱无力，不能直立支撑头部。如不用手扶持，则将向身体某一方低垂下来，以至窒息而死。

印度教徒的恒河沐浴习俗

发源于喜马拉雅山、东西横贯印度的恒河在印度教徒的心目中是一条"圣河"，传说由女神下凡后化身而成。据印度教经典《往世书》说，不仅人，甚至连动物、昆虫等生灵若死在恒河中，皆可得到解脱。朝拜恒河可使人增加知识、财富、寿命和荣誉。恒河水可涤除一切罪恶。甚至恒河里的污泥，若放在人头顶上，即可使人聪慧异常。印度教徒笃信：家里放一小罐恒河水，婚礼上洒点恒河水，生前喝一杯恒河水，死后将骨灰撒在恒河里，都是一种幸福。

在恒河里沐浴，是印度教徒一生中须做的大事。每日在恒河岸边，都可看见无数沐浴的男女印度教徒，男的光着上身，女的身裹纱丽，缓步走向水中。他们脸色虔诚，双手合十，朝着朝阳升起的东方，口中低声诵着神的名字，然后按照印度教规在水中浸洗三次。有些至为虔诚的印度教徒一天要在恒河中沐浴三次，向神表明心迹。当然，居住较远的印度教徒不可能天天到恒河沐浴。他们就在附近的河流中沐浴，以表虔诚。

规模较大的沐浴仪式每年1月下旬在恒河和朱木拿河的汇合处举行。更大的仪式是六年一次。最大规模的沐浴仪式是每隔十二年在4月中旬举行的“贡巴庙会”。“贡巴”意为“宝瓶”，是黄道十二宫之一。根据印度教传说，当时天神在搅海时，得一罐甘露。正当木星进入宝瓶宫时，天神与恶魔之间爆发一场恶斗。在激烈的争夺中，这罐甘露曾先后放过四个地方，即纳西克、乌贾因、阿拉哈巴德和哈德巴。后来每逢木星进入宝瓶宫时，便举行盛大沐浴仪式——贡巴庙会。千千万万印度教徒不远千里赶到这四处，以求在恒河沐浴一次，喝口恒河水。

贡巴庙会期间，沐浴的神圣日期为4月9日、10日、13日和14日。最神圣的日期则是4月14日。是日，从印度各地来的印度教徒可达千万。贡巴庙会期间，河岸上到处是临时搭起的帐篷，旗幡飞扬。祭司讲经，信徒盘腿而坐，闭目祈祷。沐浴开始时，先是出家人入河沐浴，然后才是一般教徒。出家人有的手持禅杖，有的挂着花环，沿河埠拾级而下立于河中，先捧水泼身上，然后浸浴三次。普通教徒万不可先于他们入河沐浴。否则，他们将受到出家人的严厉诅咒，成为众矢之的。

僧伽罗人的妊娠和生育习俗

生活在斯里兰卡西部和中部山区的僧伽罗妇女怀孕以后，要到寺庙中许愿，以求平安。妊娠期间，孕妇要食用传统的保胎草药，吃不同的食品。

妊娠头三个月，给孕妇吃甜食，第四个月吃新鲜黄油和米饭，第五个月喝牛奶，饮食中加黄油，第六、七两个月吃粥类素食，第八个月粥中加牛油，第九个月煎服传统草药。在临产的几个月以前，丈夫便把妻子送回娘家，交给岳母照料。

婴儿降生后，人们采几片一种叫做“柏乐达尼”的草叶放在一只新陶盆里，再挤进几滴母亲的奶，放入一只金戒指，然后用沾过草叶和戒指的奶在婴儿的嘴上抹几下。这个仪式称为“喂金奶”。它意味着婴儿将从中得到健美和力量。

其后，人们用金属盘和其他东西敲击，宣告自己家庭中新成员的诞生。在农村，如果生了男孩，便从屋顶上扔出牛轭。如果生了女孩，则扔出捣米用的杵。

三四天以后，要为产妇沐浴。沐浴用的水是加入篦麻叶、柠檬叶等有刺激性的植物枝叶烧成的。沐浴三遍后，再用干净热水冲洗一次。婴儿出生半个月左右，要设宴招待亲友。

婴儿出生半年后，一年内，男孩须在双月，女孩在单月，选择一个吉祥日举行因杜尔加摩仪式。仪式包括给婴儿喂第一口饭，画生辰表，起名字和预测前程。这是僧伽罗人一生中的第一个重大仪式。

这一天，全家人及亲朋聚在一起，由婴儿的祖父或外祖父在卜好的吉祥时刻把“吉利”奶饭放进孩子的嘴里。然后，请星相师根据婴儿的出生年月日及时辰为他画一张生辰表，再按照星相家占卜的字母给孩子起一个名字。最后，人们在地上铺一张大席，席上铺一块白布，上面散乱地摆上几样食品、书本、铅笔、玩具、铜币等物，并在席子两端点上两盏椰油灯。到了预定的时刻，把孩子放到席上，人们相信，孩子抓到了什么东西，就意味着他将来成为什么样的人。如抓到了书本，他就被认为将来是一个学者；抓到了铜币，他就被认为将来是一个商人，如此等等。

在孩子长到四五岁时，父母要为他举行开蒙仪式。首先要选择一个黄道吉日，父母在这一天把孩子带到一位佛教长老那里。孩子先向释迦牟尼佛像、长老和佛典敬献鲜花、油灯，求得“三藏”护佑，然后再向智慧和教育之神加尼德维亚和文学之神萨拉斯沃迪亚供奉各种甜食、果品、“吉利”奶饭和椰油灯。等到一定的时刻，孩子向长老行跪拜礼，长老给他一本字母表，让他面对特定的方向，跟自己念诵字母。最后，把长老请到家中吃斋。

帕坦人的血族复仇

在巴基斯坦和阿富汗，生活着强悍的帕坦人。帕坦人也称普什图人，至今仍保持着相当多的部落制残余。

在普什图语中，血族复仇叫作“布尔”或“巴德拉”。如果一方的权利、荣誉受到了伤害，或者有人被杀死，受害者一方便非报复不可。如果一时无法报仇雪恨，也不会放弃复仇的权利，哪怕过了一百年，也非复仇不可。以血还血，杀死仇人被认为是勇敢的表现，是被害者的继承人和部落的权利。有仇不报的人会被全部落视为不知耻辱的懦夫，不能算是一个帕坦人。

尽管血族复仇的习俗盛行于整个帕坦社会之中，但又不是绝对的。如果罪犯承认自己的过失和罪行，真诚地表示悔悟，恳求对方宽恕，并把自己交给对方处置，受害者一方也可能接受某请求，从而达成和解。请求对方宽恕的做法在普什图语中叫作“纳纳瓦提”。“纳纳瓦提”反映了帕坦民族宽恕精神的一面。

“纳纳瓦提”主要适用于仇杀。只有在伤害者一方已无力较量或者是环境和双方的经济状况都不允许继续维持这种互相的仇恨时才有实现的可能。伤害者到被害者家里请求宽恕时，必须带着本部落或本村几位年高德劭的长者和宗教人士前往说情，并带去几头羊作为礼物，称作“萨兹”。伤害者要头顶《古兰经》，向被害者的亲属认罪，并声明由对方决定自己的生死。如果对方宽恕了他，便立即宰羊，奉献给被害者的亲属。此外，他们还要缴纳“解冤赎金”，其数额由被害者一方提出或由称作“吉尔加”的部落议事机构或法庭判定。一般说来，请求宽恕的努力一次就能成功。倘若受害者一方不肯宽恕，伤害者一方就得再请求一次。这一次，伤害者和陪同说情的人出其不意地来到被伤害者家里，直接闯入燃着火的火塘的地方。帕坦人生活的地方气候寒冷，故家家都设有火塘。另外，古代的帕坦人曾是拜火教的信徒，视火为神圣，设置火塘的地方被认为是神圣的地方，只有近亲才能坐在火塘边上。伤害者和说情者在火塘边坐下，请求宽恕，如果这一次还不能取得对方宽恕，就得采取进一步的措施了。

如果恰逢被害者的亲属中有一位老人去世，这对伤害者来说是一个宝贵的机会。当对方为老人举行葬礼时，他要设法混入送葬的队伍，迅速抓住放置尸体的绳床的一条腿，直到对方表示宽恕，这才放手。当然，要做到这一点并非易事，因为被害者的亲属会百般提防，阻止伤害者进入送葬的队伍。

帕坦人请求宽恕的另一种方式叫作“绍拉”，即伤害者将自己的女儿、姐妹或近亲的姑娘嫁给被害人家族中的某个男子，以结亲防止永久的仇恨。这种做法对于消除仇恨、防止世代仇杀，无疑有着积极的作用。但由此而出嫁的女子，很可能会受到被害者亲属的歧视。放逐也是避免进一步仇杀的一种方式。按照这种方式，伤害者被逐出家乡，永远不能回来。被害者一方则保证不对其亲属实行报复。如他们实行报复而破坏协议，对伤害者的放逐便宣告无效，他可以公然返回家乡。

如果一个帕坦人犯下大罪，而请求宽恕的种种做法又均遭失败，那么，还有一种极为卑下的做法，即伤害者在自己的脖子上套上绳索，口中衔草，到被害者家里，把绳子的另一端交给对方，并请求宽恕。在阿富汗加兹尼地区，伤害者在脖子上套上绳索，手中拿一把匕首，在说情的长者和宗教人士的陪同下，来到受害者家里，说情的人把绳索的一端交到对方手里，这表示已经把罪犯交给人家了，伤害者则把匕首交给对方，表示生死予夺，悉听尊便。一般来说，受害者一方能够饶恕其罪过，并把匕首留下。也有的复仇情绪很大，便手持匕首搁在对方颈部，做出伤人的样子，这表示我已经把你杀了，然后将匕首交给伤害者，并表示宽恕。

在俾路支斯坦的佐布和罗拉拉依地区，生活着加格示、希拉尼、曼杜海尔等帕坦部落。在那里，伤害者一方派出说情的代表团到对方家里去。因为好客是帕坦人的传统，客人不吃饭就走，对主人来说是极大的耻辱。故主人必定准备饭莱，招待客人。当主人请客人吃饭时，客人们便提出条件，要对方宽恕罪犯，否则就不留下吃饭。在这种情况下，主人往往不得不答应客人的要求。

泰国人的禁忌

泰国人非常重视头部，而轻视两脚，认为头是神圣不可侵犯的。如果用手摸触泰国人的头部，则被认为是一种极大的侮辱。又如长辈在座，晚辈必须坐在地下，或者蹲跪，以免高于长辈的头部，否则就是对长辈极大的不尊敬。某人坐着的时候，也忌他人拿着东西从头上而过。就是住宅门

泰国的大象表演

口的上边也禁忌悬挂衣物，特别是内裤和袜子更是绝对禁止的。小孩的头也不可侵犯，如果用手打了小孩的头，认为一定会生病。泰国人睡觉时不能头朝西，因为日落西方象征死亡。泰国人死后才将尸体的头部朝西停放。因此，泰国人盖房子时习惯把正面朝向北边，这样睡觉时头向南边就很合适了。

在泰国人面前盘足而坐或以脚底对着人都是不礼貌的。脚除了走路之外，不可作其他用途，如用脚踢门，会受到当地人的唾弃。用脚给人指东西，也是失礼。

初到泰国，要注意当地人所行的合掌见面礼，外人也可以照样还礼。但要注意，双掌合起应在额至胸之间，地位较低或年纪较轻者应首先向对方致合掌礼。地位或年纪较高者还礼时，手部不应高过前胸。双掌举得越高，表示尊敬程度越深。

泰国的民俗表演

学生走过老师面前，须合十躬身而过。在乡村地方，一个孩子走过成人面前，有时须要手足落地，爬行而过，以表示对长者的尊敬。

任何官员、平民叩见国王，必须以双膝行进，退后时也用膝代双足，退到相当距离后才起身退下。近年来，谒见泰王、泰后的外国大使或使者已获得优待，可以保持直立，行鞠躬礼，后退时，须面朝泰王伉俪。

和尚可不受约束，不必向任何人还合十礼，即使面见泰王与泰后，也不用还礼，只是点头微笑致意。

泰国人也绝不用红笔签名，因为当人死后是用红笔把他的姓氏写在棺木上的。

摩洛哥人奇特的离婚财产分配

摩洛哥人的婚姻一般不须得到男女双方的同意，而是由父母代替儿女决定婚姻。其次，摩洛哥男子中一夫多妻的现象并不普遍，绝大多数男子都只娶一个妻子。当然娶一个妻子需要一笔数额相当可观的聘礼，这对一个普通的摩洛哥男子来说，要花上十几年，甚至几十年的积蓄。只有那些出身于达官贵人或是大贾豪富之家的摩洛哥男子，才有经济能力多娶妻子。另一原因是，摩洛哥国王哈桑二世身体力行，不效其他阿拉伯国王之举，以娶三宫六妃为荣，只有皇后一人为妻。并且国王与皇后一再宣传一夫多妻制的害处，要求提高妇女的地位。因此，一夫多妻制在摩洛哥就更没有市场了。

另外，在摩洛哥人的婚姻中还有一个特点就是，解除婚姻的现象并不多见。从这点上说，摩洛哥人的婚姻是比较稳定的。殊不知这里有一个奥秘，就是丈夫提出离婚，财产归于妻子。在阿拉伯妇女中，可能要算摩洛哥的妇女地位最高了。她们从一决定订婚开始，就得到一笔保证金，以作为今后解除婚约妇女的经济保障。在订婚之后，男方送给女方的一大笔聘礼中，就有一部分预付金。这笔钱就是作为日后妇女被离弃时的生活费。另外，结婚时，男方不惜心血制办的一切摆设及家具都属妻子所有，婚后家中再添置的东西也属妻子的财产。

因此，摩洛哥男子一旦结了婚，就不轻易提出离婚。丈夫提出离婚就意味着失去了一切财产，十几年的心血就要付诸东流。

但是，摩洛哥的男子如果想要解除婚姻，也许是一件世间上再容易不过的事情了。在这方面，男子享有特权。他可以随时随意遗弃妻子，只要找到一个证人，当着证人的面，对妻子连说三声“我休了你”，就产生了法律效力，夫妻关系便解除了，无须经过司法部门的审理，更不需要法律上的判决，只要按照民俗，将家中的一切财产归于妻子，丈夫再付给她一笔赔偿金，夫妻就可以“各奔前程”了。对于离婚妇女唯一“美中不足”的是得不到子女。子女必须随其父，不管做母亲的愿意与否。

相反，摩洛哥妇女想要离婚则是一件相当困难的事情。必须采取一定的手段才能达到目的。例如，一位年轻的摩洛哥妇女说：“为了能获得离婚，最好的方式就是离家出走。”当然，妇女提出离婚什么也得不到，既分不到财产，也得不到孩子。因此，在摩洛哥，妇女提出离婚是十分少见的。尽管婚姻不美满，大多数妇女也还是忍受终生。只有那些相当有勇气的女性，才敢于主宰自己的命运。

苏丹努巴人的画皮风俗

居住在苏丹科尔多凡省以南山区的努巴人并不是一个外观、体态十分漂亮的民族，但是在日常生活中他们随时随地注意美化自己，除去妇女一生要文身三次、男子须在脸上黥刺之外，他们每天还要用颜料涂抹身体，形成了一种奇特的画皮风俗。

除去农忙季节他们必须全力从事田间劳动外，努巴人每天都要绘身，有时甚至一天两次。努巴人有爱美的传统，画皮或者说绘身的目的就是美化自己的仪表，彼此间争妍夺艳，每个人都想胜过别人，他们以极丰富的想象力、创造力，绘画脸谱及在自己身体上绘画各种图案，而且每次的图案都不相同，每个人的风格也不相同，他们力求每次勾划都有所创新。

努巴人每个家族都崇尚某一种颜色，并形成一种传统，家族的每一个成员在绘身的时候都不得随便改用其他颜色。黑色一般不准随便涂用，虽然没有具体规定，但已被公众认可，只有最勇敢的斗士才有资格将全身涂成深黑色。努巴人认为黑色可以保护自己在角斗中取得胜利，防止被对手击中。

努巴人绘身之前，先沐浴全身，刮去汗毛，然后在全身涂上一层油，然后再涂上各种颜料粉，并绘出各种图形和线条。努巴人用涂抹各种颜色来弥补个人体态、外观的不足，掩饰自身的瑕疵，有的人能巧妙地运用线条和图案来矫正面部和身体的不均称，使人留下协调的感觉。他们还在眼圈周围画上阴影或圆圈来衬托和扩大眼睛，或用颜色图案突出身体的某个部位。

努巴人绘身用的颜料多是当地出产的，红色颜料是最常用的，即当地的质地松软的红赭石，褐色和黄色的颜料也同样来自同色的石块，白色的颜料是用贝壳研磨加工而成的，黑色颜料是木炭粉，只有蓝色颜料是从阿拉伯人那里买到的。

努巴人每天至少要用半个小时为自己绘身，同时还要用颜料染发再配以各种适合的发型。努巴人先将四周的头发剃掉，再用蜂蜡涂抹留下的头发，使其服帖，有粘性，然后用颜料染色，再梳成需要的发型。染发的颜色视个人爱好而定，但要和绘身的颜色相适应，一般选择红色、褐、蓝三色。斗士则有权刮净从太阳穴到后脑勺两块楔形头皮。为了保持发型，他们睡觉时经常把头悬在床沿外。

衣食住行

日本人喜爱穿和服的习俗

日本的民族服装——和服

说起日本人，人们往往会联想起和服。和服是日本民族文化的一个很重要的组成部分，尽管目前的日本社会已趋向欧化，但和服仍在日常生活中为人们所喜爱。

在公元 593 ~ 709 年以前，日本人最初穿的是一种叫“贯头衣”的原始服装。这种衣服的样子，据《三国·志·倭人传》的记载，是“作衣如单被，穿其中央，贯头衣之”。后来受到亚洲大陆北方游牧民族服饰的影响，又流行过上衣下装分开的“胡服”。

从公元 700 年左右开始，日本通过遣隋使、遣唐使积极引进先进的中国文化，统治阶级中盛行仿效我国唐代服制的“唐服”，而一般民众仍以“胡服”为主。日本是个属温带海洋性季风气候的国家，从大陆传入的“胡服”和“唐服”虽然也经过改造，但终究都不太适应日本的风土。

大约在 710 ~ 794 年，日本人民在融汇外来文化的基础上，形成了以肥大舒适的挎裙和腰两侧开口通风的上衣为主要形式的民族服装，这就是和服的原型。在此后数百年间，和服又随着经济的发展和技术的进步，结合环境、气候、风土和民族审美习惯等因素不断改进，经历了日本文化史上所谓的“国风化”演变过程，终于形成了具有独特民族风格的服饰文化。

和服是日本的传统服饰

与我们已熟悉的茶道、花道、剑道、柔道、琴道等一样，和服文化被日本人概括为“装道”，其要点在于：第一，重要的场合或仪式以及传统节令中，必须穿不同式样的和服，如新娘穿“白无垢”，中年妇女穿“留袖”，少女穿“振袖”，老年男性穿“纹付”等等。第二，讲究复杂的穿用方法，如妇女和服在最里面穿“腰卷”（贴身衬裙），其次穿“襦袢”（贴身汗衫），然后穿“长襦袢”（和服长衫），外面穿“长着”（长和服），然后系“带下”（细带），再缠上腰带，在腰背上打出式样繁多、名称优美的花结。第三，注重和服穿着的配套，如袴（裙裤）套在“长着”的下部，木屐或草屐必不可少。男人要迈稳健的外八字步，女人要走急速的内八字步。一般比较正式的和服还须在“长着”外罩上一件“羽织”，上流社会的人物往往还把代表家族的“家纹”印在“羽织”上以标榜自己的门第。除此之外，日本的传统工艺美术和表演艺术的发展也与和服有千丝万缕的关系。

正因为和服与日本的民族传统有如此密切的联系，所以它在现代仍被视为民族文化的象征而得到保存并振兴。人们不仅在传统的礼仪活动和某些特定的场合要以穿着和服来表示隆重，而且在紧张的工作之余，也喜欢穿上宽大舒适的和服，浸润于传统的氛围中以松弛自己的身心。

戴戒指和耳环的习俗

戒指与耳环是现今世界上流行最

广的装饰品。

一般认为耳环起源较早，几乎各民族都有佩戴耳饰、耳环的记载。在人的头部，只有耳朵不参与感情的表露，因而从很早起人们就在耳朵上添加装饰物。最早的耳环可能是作为一种护符，利用玉石、珠宝、金属的光泽驱逐暗中的邪祟。在古巴比伦，耳环还曾是国王、贵族身份的象征。然而在很久以前，耳环就已成为一种单纯的装饰品，用来矫正脸形、配合发式，在美容艺术中起着锦上添花的作用。

清代的白银戒指

戒指与耳环不同，除了装饰作用外，还含有各种象征性的意义。我国古代的儒家经典记载，古代帝王的妃嫔平时在右手指上戴银环，有身孕时就改在左手上戴金环。这种指环带有禁忌、禁戒意义，故称“戒指”。

西方戒指一般认为源于古埃及。古埃及贵族王公在手指上佩戴甲虫形状的宝石，因他们认为甲虫是太阳神的象征，戴在手上可以避邪。这一习俗传到欧洲后不再有护符的意义，但却被赋予了其他象征意义。古罗马曾规定只有贵族才能佩戴金戒指，一般人只能戴铁戒指。戒指上都铭刻姓名、身份、祝辞，尤其贵族的戒指往往就是印章，用以签署文件。妇女戴的戒指往往都带有钥匙，象征家务的管理，一般由婆婆赠送给新媳妇。

到了欧洲中世纪，基督教会以戒指表示神职人员的教阶，如教皇戒指上刻有圣彼得拉网的图案，带有印章，用以签署文件，教皇死后要销毁。红衣主教在象征“圣灵”的右手中指上佩戴蓝宝石戒指，主教、修道院长戴紫石英戒指，神父在象征“圣子”的食指上戴金戒指。

除了象征身份、地位以外，西方戒指最主要的作用是确定婚姻关系。古罗马人认为，人的左手无名指上有一根直通心脏的血管，缔结婚约时，男女互换铭刻姓名、祝辞的戒指戴在这根手指上，就可以约束彼此心灵，白头偕老。到了中世纪，基督教会发展了这一习俗，规定举行宗教婚礼时，由主持神父拿戒指在女方左手大拇指、食指、中指依次套一下，表示以“圣父、圣子、圣灵”的名义缔结婚姻，然后套入无名指。这一习俗在欧洲长久流传，以至于无名指成为专门的“婚姻指”。无论是否举行宗教婚礼，欧美人至今结婚时仍普遍交换戒指作为婚姻的象征。

早期的香烟广告

吸烟习俗的流行来历

1492 年，哥伦布登上了美洲“新大陆”，据说他当时发现土著人无论老少都喜欢口含一种冒烟的叶子。哥伦布把这种植物带回了欧洲。这种植物就是烟草。不到一个世纪，烟草就传到了全世界。中国当时称烟草为“淡巴菇”，就是西班牙语烟草的音译。

美洲印地安人吸烟，主要是在举行宗教仪式时，利用烟草的轻微的刺激作用来激发敬神的情感。而从“新大陆”迅速传播到全世界的最初的原因，是因为当时人们普遍把烟草当作一种包治百病的良药。当时法国驻葡萄牙的大使让尼科把烟草作为一种药草介绍给法国王室，一般认为“尼古丁”这个词即来自这位大使的名字尼科。烟草传入中国时，人们认为它能驱寒去湿，抗倭名将戚继光率军北移，镇守北疆，士兵们普遍吸烟来驱除风寒。

对烟草的这种谬误的见解是吸烟流行的最初的动因。以后吸烟逐渐成为一种赶时髦的消遣。英国人以手持烟斗为时尚。法国人除吸烟外，又以烟末佐以香料，直接吸入鼻孔，称鼻烟。在西亚、北非各国以吸水烟为主。北美的欧洲殖民者则以嚼烟为快。

吸烟的习俗刚刚流行就遭到各种抵制。1604 年英国国王詹姆士发起反吸烟运动，痛斥吸烟是伤风败俗行为，声称吸烟“是不可饶恕的愚蠢，使用它是天大的过错”。1623 年土耳其苏丹曾下令对吸烟者处以死刑。俄国沙皇也曾下令对吸烟者处鞭笞、割嘴唇、流放西伯利亚等刑罚。中国明朝末代皇帝朱由检，因为“吃烟”与“吃燕”（北京别名燕京）音近，触犯忌讳，下令吸烟者处一年半徒刑、杖七十。然而，这些禁令都只能收效一时，下禁令后不久，各国政府就为了抽取巨额烟税，转而鼓励烟草的种植与贩运，这样吸烟的习俗也就愈演愈烈。

大约在16、17世纪之际出现了用大张烟叶包卷的雪茄。1799年拿破仑率法军围攻埃及阿克城时，炮火打坏了土耳其士兵的水烟壶，士兵们就拿火药纸卷烟丝吸烟。于是，在19世纪初又出现了现代常见的卷烟。形形色色的卷烟吸起来方便，制作时还加入一些香料，从而大为流行，使吸烟的习俗又进一步扩展到了社会的各个阶层、各种性别年龄。

从上个世纪30年代起人们就怀疑吸烟是生肺癌的主要原因，1946年得到确认。反吸烟运动因而逐步深入人心。现在许多国家都制订法律，禁止在公共场合吸烟。吸烟这个毒害了人类5个多世纪的恶俗终将逐渐消失。

建筑大门口放石狮子的习俗

在大门外放置一对石狮子，是中国传统建筑装饰的一大特色。古代官府衙署、宫观寺庙、大户人家的大门两侧，一般都有石狮子。这种石狮子的造型在各地都差不多，大多是卷发巨眼，龇牙咧嘴，后腿蹲踞，一只前爪握一个石球，显得威风凛凛。

狮子原产于非洲、西亚，体魄雄壮，头大脸阔，雄狮头披长长的鬣毛，很早就被人们视为猛兽的代表。

传统建筑门前的石狮子

我国不是狮子的产地，古时称狮子为“狻猊”，认为是西域的特产，能食虎豹，是百兽之王。

佛教经典中有很多关于狮子的典故，如有的经典称：佛祖释迦牟尼诞生时，一手指天，一手指地，“作狮子吼云：天上天下，惟我独尊。”一般佛经都以狮吼比喻佛祖讲经，声震世界。佛教号称佛是“人中狮子”，因此佛曾坐的地方称狮子座。佛菩萨还往往以狮子为坐骑，如文殊菩萨就骑坐狮子。随着佛教的传入，具有法力的狮子形象也就逐渐为我国人民所熟悉，并普遍作为驱邪保善的神兽。

虽然狮子因佛教传入而从一种西域猛兽变为驱邪神兽，但是用石狮子守门驱邪却是后来才有的风俗。中国古代门神大多是人神，画在门板上或画在元旦挂于门上的桃符板上。石兽在古代大多是守墓的，即所谓是守“阴宅”的。佛教传入后，才逐渐出现了画狮子驱邪的桃符。

宋朝人已习惯在桃符上画狮子的形象，下部书写左郁垒、右神荼，但当时还没有用石狮子守门习俗。

唐宋官宦之家为表示门禁森严，喜欢用乌头大门，两侧排列戟戈。

到了元代，佛教进一步流行，而门口列戟的制度又被废止，于是石头雕刻的狮子逐渐成为官府衙署的大门点缀物。原来视石兽为守阴宅之物的传统观念逐渐淡薄，官宦之家也开始在门侧布置石狮，取代原来只是春节才悬挂的桃符和门板上画的守门的石狮子形象。由于是作为守门驱邪的神兽，造型特意突出张牙舞爪形态。从审美的角度而言，石狮子生动的造型与朴素的院墙相映成趣，更增添了传统建筑的魅力。因此，石狮子守门习俗得以普及，代代流传。

图阿雷格人的沙床

生活在撒哈拉大沙漠南部边缘地区的图阿雷格人，除了男人戴面罩的独特风俗外，他们社会生活的许多方面也都与众不同。由于图阿雷格人长期生活在自然条件十分恶劣的沙漠地

位于非洲南部的图阿雷格人

带，物质生活比较艰苦，所以他们特别善于物尽其用。他们几乎能利用大自然向他们提供的一切东西。

沙漠地带别的东西缺乏，唯独不缺沙子。图阿雷格人就特别善于利用沙子。“沙床”和“沙毯”是图阿雷格人特有的家产。顾名思义，“沙

图阿雷格人的一个家庭

床”就是用沙子做成的床，“沙毯”就是用沙子做成的地毯。这里所谓的床，当然不是现代家庭中的那种床，而仅仅是一块睡觉的地方。直到现在大多数图阿雷格人仍然没有现代概念中的床，而是睡在用特别细的沙子铺成的地上。睡觉时只须在这样的沙床上铺上一张席子或一块布就可以了。躺在这样的沙床上不仅柔软舒适，而且阴凉适度。这种铺床的沙子是用一种密如面筛的筛子在风化得特别厉害的地方筛出来的，细如面粉，色泽浅黄。过了一定的时期，家庭主妇必须更换一次沙子，以便保持沙床的清洁卫生。筛选上好的沙子也是青年男女结婚以前必要的准备工作之一。作为充填“沙毯”的沙子质量可以差一点，但也要经过筛选才能用。所用的沙子起码要踩上去不感到扎脚，抬起时沙子不会粘脚。

“沙烤大饼”是图阿雷格人巧用沙子的又一例子。其做法是这样的：首先在沙地上挖一个底部平整的坑，然后在坑中用木柴生上火。等到木柴都烧成灰烬了，便把面粉做成的大饼放在筛过的沙子里，任其裹上一层厚厚的沙子，再把这个裹着沙子的大饼放到坑中的火炭上，上面再盖上一层火炭。半小时后把饼拿出来用手或木棍拍打，裹在饼上的沙子便掉下来了。最后在面饼上洒上一点水，粘在面饼上的最后的一些沙子也就掉下来了。一张松脆的大饼就烙成了。图阿雷格人把这种大饼放到一种用羊肉、葱头、西红柿、辣椒等做成的浓汤里煮一会，就成了图阿雷格人有名的美味佳肴“杜桂拉”。

以沙代水的方法在日常生活中还常见于其他场合。如每当图阿雷格人屠宰牲畜时，他们常常以沙带水，擦洗油污，清洁皮张。至于用沙来治疗关节炎，用沙作为建筑材料那更是尽人皆知的了。因此，图阿雷格人不愧为撒哈拉主人的光荣称号。

别具一格的委内瑞拉摔牛

委内瑞拉的摔牛和西班牙的斗牛是截然不同的。这种只有在委内瑞拉才流行的摔牛，在当地称之为托罗斯·科里亚托斯。它是由委内瑞拉草原牧民创造的一种民间游乐活动，后来逐渐风行到城市。每逢节假日，各市镇往往举行一系列娱乐活动。首先是宗教性质的游行，接着是集体野餐，在广场上唱歌跳舞，摔牛则达到欢乐的高潮。

摔牛士骑在马背上与公牛周旋，并设法拉住牛的尾巴，然后使尽力气把牛摔倒在地上。

摔牛通常在一条长二三百米的跑

道上进行，有时也利用广场或宽敞的街道，四周围有木栅，成群的群众聚集在外面兴致勃勃地观看。摔牛开始时，场内放三五头强壮的公牛。摔牛士骑在马背上奔逐着，向公牛靠近。看准时机，便俯身抓住牛尾巴，并使劲拖拉揪拽，凭着自己的臂力和奔马的冲力，把精疲力竭的公牛摔倒在地上。摔牛士要想抓着牛尾巴，也并非轻而易举。有的牛蛮劲特大，横冲直撞，有时反而会把摔牛士从马背上拖下来。这便成了摔牛士最不光彩的时刻。

摔牛士抓住牛尾巴，牛总要逃窜狂奔，设法挣脱。当牛尾巴从一位摔牛士手中滑脱时，另一位便设法靠近它，再次揪住牛尾巴，就这样时而追逐，时而拖拉，当一头牛的体力渐渐不支时，便终于被摔倒在地。这是一场机敏和力量的竞赛。委内瑞拉人特别喜欢这项活动。15 岁以上的男子都可以参加摔牛，年过半百的摔牛士也不乏其人。

举行摔牛活动，往往还邀请一些美丽的姑娘到场，她们是经过事先挑选的，姑娘们坐在平台上，或站在场地旁的阳台上。当摔牛士获胜后，先骑马绕场一周，然后来到姑娘面前，姑娘就会把一串玫瑰花佩带在壮士的肩头。出色的摔牛士往往胸前、肩头、背上都缀满了玫瑰花。

首都加拉加斯的摔牛活动与一般市镇稍有不同。到场助兴的姑娘不是穿民族服装，而是穿色彩鲜艳的运动衫和牛仔裤。摔牛大会结束后，就举行野餐和舞会，并当场宰杀三只乳猪，在广场烤好，为壮士庆功。

印第安人的夸富宴

夸富宴流行于北美洲西北海岸的各印第安人部落，这种以炫耀财富为目的的公开仪式，经常可见于阿拉斯加南部到华盛顿州一带，地跨美国和加拿大两国。在当地印第安人中，夸富宴是一种极其重要的大型仪式，关系到个人、家族、部落的名誉地位或者世袭特权。举办这种宴会的原因多种多样：生老病死、婚丧嫁娶、成丁仪式、惩罚过失，甚至连畸形儿的出生都可能导致这样的宴会。

夸富宴通常是对抗性的，由挑战的一方做东，由主人向应邀前往的客人馈赠礼物。每个客人会根据自己不同的社会地位得到相应的礼物，客人们将对这戏剧性的“财力决斗”判断输赢。夸富宴必须公开举行，而这种对抗性的或者说是报复性的活动往往是极其劳民伤财的。主人往往邀另一方全家或整个部落前来做客，而宴会的规模大小则代表着主人的富有和威望。主人将会在这种盛宴中向来宾赠送珍贵的礼物，或将公开毁掉自己的财产，以便用自己的富有和慷慨使来宾们承认自己的某种要求。宴会上消耗掉的财物将成为主人地位、自尊、威望与权力的象征，而且也是来宾们借以判断胜负的标志。因为不肯善罢甘休的来宾将成为下一次夸富宴的主人，他们不仅要回请这次宴会的主人，而且要回赠或毁掉更多的财物，否则就是甘拜下风。

夸富宴往往历时若干天，而且每天都要进行到入夜时分。其间不断进行演讲、歌舞、赠礼、进餐等各种活动。宾主均可以作相互讥讽的演讲，地位高的人则主持唱歌、跳舞和击鼓伴奏。夸富宴的大厅或场地上悬挂着各种彩饰和部落图腾，而全体与会者则必须身着昂贵的节日盛妆。馈赠的礼品必须详细记录在案，以便受礼者将来加倍奉还。

礼品则是包罗万象的，有现金、毛毯、粮食、水壶、鱼油、船只，过去还包括奴隶。最昂贵的礼品是一种盾牌状的铜片，这种大铜片由铜块凿成，上面有石墨图案。这种铜片可以价值5000到7500条毛毯，堪称当地印第安人价值连城的财产。在夸富宴上，主人常常有意折断这样一块铜片，毁掉其昂贵的价值，再把这些废物赠送给他的竞争对手。而其对手也往往要拿出一块与前者等价或者更为昂贵的铜片，当众折断后也把残片回赠给主人。双方还要争着把残片投入大海，因为只有这样做，才能表明他所毁掉的财产对他自己是如何微不足道，只有如此的慷慨和富有才能赢得荣誉。有时为了炫耀富有，还要毁掉自己的毛毯、房屋和船只，过去甚至还包括杀死自己的奴隶。对东道主来说，所有出席宴会的来宾既可能成为夸富的对手，又是当然的见证人与法官，只能由他们决定谁是真正的胜利者。

穿衣示成年

居住在印度东北部那加山区的奥那加人，还正处在原始公社向私有制社会过渡的社会阶段，是一个完全由原始宗教统治的部族。他们至今仍保留着本民族独特的生活习俗和着装习惯。在奥那加人眼里，穿衣服是成年人的标志，所以小孩都不穿衣服，总是赤身裸体。成年人衣着也很简单，只用自制的棉布围腰遮羞，有的常用一块四尺六寸长、三尺六寸宽的布做上衣，并以一些图案点缀。各种装饰品标志着各人不同的家庭经济状况、社会地位以及个人品质。妇女用一小块布制成裙子遮羞，胸部以下穿一件紧身衣。

奥那加人不论男女都喜欢装饰品，男子的装饰要超过女人。男子习惯于戴熊皮帽，编织羊毛假发，戴象牙或铜做的大臂钏，染成各种颜色的脚镯，以及挂在耳朵上的各种饰品。女子最喜欢的饰品是挂在耳朵上的铜环。挂铜环时把铜环穿过耳朵，然后用绳子在头顶上系紧。有的妇女喜欢在手上脚上戴上手镯、脚镯。

文身和刺面在奥那加女孩中很盛行，图案也多种多样，一般是在下颏上刺，然后从喉咙向胸部刺菱形花纹。双肩和小腹上刺些倒菱形花纹，小腿和膝盖上刺箭头花纹。少女在10到15岁时文身，文身后才是部落的正式成员。文身的工作大都由老年妇女承担，所用工具是一束楔有木柄的刺藤，刺花时先按花纹打刺，然后涂上一种颜色，脱痂后花纹就永远抹不掉了。

首饰比服装重要的印度人

在印度，首饰是须臾不可缺少的装饰品，有些地方人们把首饰看得比服装还重要。

从古至今，印度人都认为向妇女赠送首饰是男子应尽的义务，妇女就应该用各种各样的首饰来打扮自己。但寡妇除外，她们一般不能佩戴任何装饰品。

印度人从头到脚，戴有多种首饰。

头饰，是一种用小链子和钩子固定在头顶和额部的装饰品。耳环的式样各异，种类繁多，大小也各不一样。有的是一种小花结，有的是一块琢磨过的彩色小石头，还有的是长达五厘米的金属片。有时侯还可以看到有的妇女戴着用金属球做成的钉子形的笨重耳环。也有的妇女在耳环上刺许多耳孔，同时戴几副耳环。鼻饰，只有已婚妇女才许可戴，并且多是金银制品。

已婚的妇女都戴项链，而且几乎都是结婚时就戴上的。按照印度的风俗，结婚时新郎都要给新娘戴项链，只要夫妇不永久分离，这个项链就要由妻子终生佩戴，永不摘掉。手和脚上的装饰品有镯了、指环及戴在手背脚面上的饰物等。手镯在印度是一种表示福寿双全的首饰，多由金银、玉石、玻璃和细瓷制成。手镯分为开口

印度人随身携带的首饰盒

和封口式两种，开口式手镯的两端做成鸟、狮、鹿、象等头形。

印度有一种传统习惯，即把赠送手镯看成是建立某种人际关系的象征。如果某人接受手镯礼品就意味着加入送礼者的亲族，并与送礼者建立了兄弟或姊妹关系。在拉查普特人中，女子向一个男子赠送手镯就是要这位男子像兄弟一样帮助她，如果男子接受了手镯，就有了保护、帮助和特别照顾这位女子的义务，甚至在必要时为她献出生命。手镯，一般应戴在手腕上，但在印度，人们还可以戴在前臂上。有的人戴的手镯较多，就从手腕一直戴到手臂的上端。不过在今天印度的城市中，这样戴手镯的人已很难见到了。在广大农家妇女中还是可以经常见到这样戴手镯的妇女。有的还戴着重约3千克的银或各种合会制成的手镯。

巴布亚新几内亚的树叶项链

巴布亚新几内亚是南太平洋的一个岛国，有三百多万人口，除巴布亚人外，主要是美拉尼西亚人。

美拉尼西亚人有自己独特的着装习惯。男子们头上一般戴一顶用动物的皮毛或布条制成的帽子，插上漂亮的雉鸡毛或鸟毛、干花枝或草枝，色彩非常鲜艳。脖子和腰间都有五花八门的饰物。脖子上戴的，大多数是草藤编成的圆环，也有一些是用绳线把干果壳或金属圆片串成的“项链”。腰间挂的是葵叶、椰叶等，看上去是绿叶做成的裙子。腿的下部，一般是用草藤编成的“圆环”套着，左右脚备套一个。值得称道的是，这些“奇特的饰物”均取于大自然，不费分文就可置办齐全。

有着独特着装习惯的美拉尼西亚人

妇女们除了头上的装饰外，还很讲究脖子上的饰物。她们佩戴的“项链”更是多种多样。有的是用贝壳、果壳、滑石穿成，有的则用闪闪发光的金属片或银币串成。不少妇女不仅同时在脖子上挂着几条不同式样的“项链”，另外还要挂上一圈鲜花。

以偷牛为荣的马达加斯加人

出于对牛的崇拜而敬牛如神、爱牛如命的民族不少，但以偷牛光荣的

以偷牛为荣的马达加斯加人

恐怕只此马达加斯加一处！

在位于印度着西南部的马达加斯加，结婚、割礼、安葬、移坟等所有传统活动，都几乎离不开宰牛摆宴。在饭店和重要建筑物里，到处摆设着完整的牛角。有的人看见最心爱的牛死了，甚至会痛心得自杀。牛既是财产又意味着地位。谁的牛多，谁的社会地位就高。为了得到更多的牛，有钱的人用钱买，没钱的人干脆偷。奇怪的是，在这块国土上，尤其是南部地区，人们不仅不认为偷牛是一种丑事，反而认为是勇敢机智的行为，并且已经成为一种传统习惯。在那里，如果偷牛者与牛主发生格斗，相互残杀，人们不会同情牛主，而只会把尊敬投向搏斗的胜利者。小伙子向姑娘求婚，姑娘不但要看他有多少牛，还要看他有没有不怕因偷牛而去坐牢的勇气。如果一个小伙子因偷牛坐过几次牢，并且越过几次狱且锐气不减，那他就能得到姑娘的爱情。

偷牛是力与智的冒险。有时一人偷了几十头牛，还要连夜赶几十里路。有人甚至事先把偷牛日期告诉牛主，这就更需要过人的机智和勇敢。当然，如果有人因偷牛本领高强而过于骄横，以至连老年人都不尊敬了，那么，全村人也会商量好，想办法把他的牛全偷光，以示教训。

住帐篷的贝都因人

在阿拉伯半岛的沙漠地区，生活着一个游牧民族——贝都因人。“贝都因”意为“住帐篷的”，所以人们又称之为“住帐篷的民族”。

贝都因人依赖骆驼过着游牧生涯，他们的寝居非常简单，帐篷一搭，便是住处；有的甚至“天当被，地当床”。把布巾往沙漠地上一铺就

生活在阿拉伯半岛沙漠地区的贝都因人

是天然床铺，骆驼则围在主人四周。

他们以骆驼奶和又甜又粘的椰枣为主食，有时也宰羊，把羊肉、内脏、脑髓和米混合煮熟，但不加任何调味品，用手抓食。饮用水用羊皮袋盛装，他们常为寻找水源、绿洲而不断迁徙。

贝都因人最大的嗜好是饮茶。若有闲暇，就在帐篷内举行茶会，款待友人，一边缓缓品尝阿拉伯咖啡与红茶，一边说古论今。饮茶是他们的娱乐，也是每日例行的公事。除饮茶外，贝都因人每日费时最多的就是祈祷了。他们信奉伊斯兰教，每天要进行五次礼拜。每次需要 20 至 30 分钟，虔诚的人则长达一个小时。贝都因人的见面礼也很特别，男人见面时，以鼻碰额，互相拥抱，以示亲热和友谊。

没有门牌的国家

在非洲的埃塞俄比亚没有门牌号码，首都亚的斯亚贝巴也不例外。机关、商店，住宅的地址都以著名建筑物或众所周知的地点为标志。比如一个新开张的保险公司，在报纸上刊登的广告上标明地址是：邱吉尔大街，大教堂对过，与菲利浦公司代理行门市部相邻。这样的地点还不算难找。

没有门牌号码的埃塞俄比亚建筑

有的时候，大街道有街名，小街道或胡同，连个名字也没有，也没有著名建筑物可以凭借，找起来就不那么容易了。如果你去访亲问友，主人或路人需要“左拐右拐”地给你介绍几分钟，或者给你草绘一张路线图，“按图索骥”往往要方便省事得多。

居住在岩洞的维达人

维达人是斯里兰卡的土著居民，直到今天仍然过着十分原始的游猎生活。

岩洞是维达人的天然居所，一个群体往往居住在同一个岩洞中。每个家庭占据岩洞中一小块地盘，点燃一堆篝火。白天，男人外出狩猎，妇女守在火边，晚上，全家围火而坐，分食获得的猎物。作为一个群体，他们的弓箭武器总是排放在岩洞内公用的角落里。

在维达人岩洞内的顶部，凿有一些水道，将流进来的雨水排出洞外，以保持洞内的干燥。在岩壁上，通常还可以见到维达人的岩画。岩画是用唾液调合草木灰沾在手指上画的，内容多为动物、人物、狩猎场面等等，反映了维达人的原始生活，也是维达人居住的岩洞中唯一可见到的装饰品。随着雨季旱季的变换和动物的迁移，维达人的住所也是不固定的。

在没有岩洞的地方，维达人则盖一些简陋的房舍栖身。这种房舍以树干为支架，木板为墙壁，茅草铺成的房顶是两面坡形，便于雨水的排泄。房屋一般只有两米多高，仅有一个出入口用篱笆门挡住，而无窗户。

喜欢居住在岩洞的维达人

一家维达人只有一间房屋，除了一些食物以外，室内没有任何家具装饰。晚上，一家人挤在一起，席地而眠。但是，在房子外面却有很大一块廊檐，是维达人在家中主要的活动地方。他们在这里休息，整理狩猎工具，分割猎物，生火烧饭，接待客人。

在离维达人居所不远的地方，一般都有一个用四根木桩支起来的小草棚，这便是维达人祭祀祖先的地方。每当狩猎丰收之时，维达人便在这里供奉祖先，感谢神灵的护佑，并祈求连年丰收。

奇特的土耳其蒸气浴

举世闻名的土耳其蒸气浴由来已久。早在奥斯曼帝国时期，就已遍及全国。在苏丹王的新宫殿道尔马巴赫切王宫里有一间专供苏丹王洗浴的蒸气浴室，全部由从埃及运来的白大理石砌成。其中的一个储水池所用的大理石光洁晶莹，薄如玻璃，划一根火柴，可以隔石见火。

土耳其蒸气浴室，男女分浴。浴室都分里外两间，每间有水池一个，大小不一，大的五六米见方，小的二三米见方。男性洗浴不全裸，下身用大围巾裹身，不裸下部。浴室四壁为本色耐热板或天蓝色瓷砖，顶上镶着透明的玻璃，光线由圆顶射入。靠墙和中间地带设立几层木台阶，温度各异。浴者可以根据个人需要，选择洗浴地点。平均温度为 60℃左右，最高可达到 80℃。一般越往里温度就

有着悠久历史的土耳其浴

越高。浴室的一角摆着用木柴或煤炭烧红的炉子，上面铺满大块卵石，散发出松脂的芳香。当浴者用清水去浇烧得滚烫的石头时，就产生大量蒸气，气温也随之上升，当蒸气弥漫浴室时，浴者如腾云驾雾一般。洗浴时，也可用成束的桦树枝抽打全身或由服务员代劳，以此来促进血液循环和新陈代谢。

据说，蒸气浴对人体十分有益，不仅可以消除疲劳，而且有助于疾病的治疗，同时还可减肥。但贫血、高血压患者和体弱多病的人，不宜洗蒸气浴。蒸气浴罢，还要到水池中去浸泡，最后再用淋浴冲身。

扎伊尔巴库图人的装饰

居住在扎伊尔西北部热带密林地区的巴库图人至今仍过着与世隔绝的原始生活，有着独具一格的装饰。女子除戴项链外，还要在腹部戴上一串五光十色的彩珠。而一个已婚女子，只要她的丈夫能付得出钱，还得戴一副铜护腿，即用黄铜片把从脚踝到膝盖的腿部包裹起来。一副铜护腿有 5 千克重，须经铁匠铆接，才能戴在腿上。戴上后，除非该女子的丈夫先死，因而失去了戴铜护腿的权利，可由当地铁匠把铜护腿打开，不然就一直要戴到死去。她们所戴的铜护腿，如同我国封建时代女子缠足一样摧残身体，影响腿部的发育，但在巴图人看来这是一种特殊的美。一个女子在去掉铜护腿后，由于腿部肌肉失去弹力，在较长一段时间内没有人搀扶，自身便不能站立行走。

男子则是另一番装饰。他们的颈部系着一串豹牙，腹部刺上各种色彩的花纹。颈部所系豹牙的多少，则由每个人猎取豹子的头数决定。

此外，巴库图人不论男女，都讲究锉牙，把牙锉得越整齐越好。脸上要涂上一层红的颜色，头上扎一块裹有木头的布条。这些都被巴图人看作美的体现。

俄罗斯人的饮茶和茶炊

俄罗斯人认为，他们是世界上最爱喝茶的人。很早以前，喝茶已成为全民族的习惯。早在 17 世纪上半叶，俄国大使奉沙皇米哈伊尔·费多罗维奇之命赠给蒙古汗100只黑貂。蒙古汗以4普特（6.5千克）的茶叶回赠。大使觉得吃了亏，抱怨说，沙皇用100只珍贵的黑貂，换来的只是一些干树叶子。蒙古汗听说后，明白了其中的意思，便急忙派行家前往莫斯科，当场为沙皇和宫廷里的人煮茶。从此，这一饮料倍受沙皇及宫里人的欢迎。

早年，茶叶对于俄国人来说是昂贵的饮料，只有贵族和富人才能享用，后来才逐渐在全民中普及。而现在，俄罗斯人每天都离不开茶。俄罗斯人喝茶与其说为了解渴，不如说为了充饥。喝茶时，端上糖块、点心、面包圈、蜂蜜和各种果酱，茶里还放牛奶、鲜奶油和糖。某些地区早餐时喝茶，一般吃夹火腿或腊肠的面包片、小馅饼、奶渣饼。午餐后也喝茶，茶里放柠檬、砂糖等。特别是在星期天、节日或洗过热水澡之后，认为长时间地喝茶别具风味。晚间，来客人时喝茶，端上甜点心、大蛋糕、大馅饼等，直喝得宾主满意为止。上了年纪的人喜用小茶碟喝茶，他们先把茶倒在小茶碟里，两手托着碟底，轻轻地把茶吹凉再喝，然后单独吃糖。

深受俄罗斯人喜爱的红茶

俄罗斯人习惯用茶炊煮茶喝，老年人尤为喜欢。茶炊随着茶叶输入俄国而出现。在此之前，人们大多以热蜜水，即用蜂蜜和各种香料熬成的水当饮料。冬季商贩们把热蜜水装在大水壶里，为了让顾客能喝上滚开的热蜜水，他们不断往壶底添煤加火。自从俄罗斯人普遍爱饮茶之后，工匠们把热蜜水壶改制成了装有把手、龙头和支脚的茶炊。长期以来，俄罗斯人的茶炊是手工制作的，制作工艺很复杂。直至18世纪末、19世纪初，工厂才大批生产茶炊。起初，俄罗斯茶炊的形状各式各样：有圆形的、筒形的、锥形的、扇形的，还有两头尖中间大酷似橄榄状的大桶。不过，这种桶仅设在车站、码头供旅客饮用。俄罗斯图拉市的茶炊驰名全国。图拉的茶炊是用银、铜、铁等各种金属原料和陶瓷制成的。稍晚，出现了暖水瓶似的保温茶炊。内部分三格，第一格盛茶，第二格盛汤，第三格还可盛粥。现在，人们已使用电茶炊，形状近似金、银质奖杯。所以，茶炊不仅可供喝茶用，而且还可作为美术工艺品陈设在室内。俄罗斯的能工巧匠们常将茶炊的把手、支脚和龙头雕铸成金鱼、公鸡、海豚和狮子等栩栩如生的动物形象。而在茶炊上常镌刻着如下的诙谐字样：“火旺茶炊开，茶香客人尝”，“茶炊香飘风引客，云杉树下有天堂”。

亚美尼亚人的烤羊肉串

前苏联亚美尼亚共和国山多，地势高峻，有大面积的高山草原，山区养羊业尤为发达。居民肉食以羊肉为主，并善于烹调各式各样的羊肉菜肴，而其中烤羊肉串久负盛名，是亚美尼亚民族宴请宾客的美味佳肴。

无论在集体农庄，还是在庄员家里，凡设宴款待嘉宾时，餐桌上都摆满了丰盛的传统饮食，如烤饼、甜陷饼、核桃甜酱、油煎白菜肉末卷、肉丸子汤，饮料有酸牛奶、葡萄酒和葡萄汁，以及桃、李、杏、葡萄等各种水果。与此同时，主人为客人宰羊，然后在户外空地上燃起一堆堆葡萄枝，在熊熊的烈火上架起铁签子穿的一串串羊肉块。用葡萄干枝烤的羊肉串，味香肉嫩，美味可口，远近闻名。

亚美尼亚人宴请宾客时，喝酒不用杯子，这是表示对客人的亲密友好。他们用牛角装酒，互相传递着喝。宾主边谈边饮，边吃烤羊肉串。亚美尼亚人很健谈，善于根据不同身份的客人谈论各种话题。席间，主人还载歌载舞为客人助兴，真到酒宴结束。

酷爱饮茶的摩洛哥人

摩洛哥人以酷爱饮茶而闻名于世。在摩洛哥有一句俗语，叫做“宁可一日无食，不可一日无茶”。可见茶与摩洛哥人的关系是多么密切了。

摩洛哥人喜欢喝放了白糖和加上新鲜薄荷叶的绿茶。每天饮用四五次，而且每次用量都很大。

摩洛哥人的茶室

对摩洛哥人来说，茶不仅是日常生活中不可缺少的饮料，而且更是迎宾待客的佳品。有客自远方来，敬上一杯薄荷绿茶，是摩洛哥人表示尊敬的礼节。

在摩洛哥的社交活动中，加白糖的绿茶是一种必需的饮料。在逢年过节的宴会上，主人们爱用摩洛哥式的甜茶来招待各国宾客；这种甜茶是用一份绿茶加十份白糖调成的。在鸡尾酒会式的招待上，他们用甜茶代替各种酒类来招待客人，饭后还要饮茶三道。

普通的摩洛哥人，一日三餐除了摩洛哥式的面包之外，便是几杯香甜可口的绿茶和几粒用盐渍过的橄榄果。

摩洛哥人所消费的绿茶，全部靠进口。自从摩洛哥和中国建立贸易关系以来，摩洛哥人喝的绿茶基本上是从中国进口的。中国绿茶在摩洛哥享有盛誉。

西非的饮食习俗

西非人的主食品种与我们的差不多，有大米、白面、玉米、高粱米等等。副食也大同小异，无非鸡鸭鱼，牛羊肉（猪肉只有不信伊斯兰教的人才食用），还有瓜果蔬菜之类。不过，有些副食在做法和吃法上，却与我国完全两样。

在西非人的菜肴中，最出名的是烤全羊。人们把一头羊宰杀，去毛，脱蹄，开膛，把四肢张开，然后在羊身各处涂上调味佐料，用一根长铁棍从嘴到尾贯穿而过，架在火上转辗烘烤。待烤到五分熟的时候，就端上来食用。

勤劳的西非人民

在西非，不少地区的家庭中的灶是用三块石头或三堆砖头，架上一口大锅而成，十分简陋。西非天气热，这种“灶”通常垒在树荫、屋檐下。但到雨季时，人们便往往在屋内架锅造饭。气温较低的日子里，这座架在屋子里的“灶”又是夜间烤火取暖的炉子。

西非人吃饭很特别，一般不用桌子，不用刀叉筷子，全家就地团团围着一个大饭盆和一个汤菜盆抓食。抓食都用右手，先用食指、中指和无名指把盆中的米饭之类勾人掌中，捏成一个小团，往汤菜中浸一下，送入口中。因为人们自小抓食，所以个个抓得十分干净利落，饭菜毫不粘手。西非人都很讲究卫生，虽然当地缺水，但抓食之前一定洗手；而且他们的双手一般都有比较严格的分工，平时十分注意尽量避免使抓食的右手触及脏物。

哥伦比亚的烤蚂蚁

在很多国家人们为了治疗疾病和强壮身体食用生蚂蚁或蚂蚁粉已不足为奇。可是将蚂蚁做为菜肴招待贵宾还实不多见。令人惊奇的是，哥伦比亚的烤蚂蚁确确实实成了名菜，它吸引着众多慕名而来的人们。

哥伦比亚的烤蚂蚁，是用一种“大臀部蚂蚁”加工制做的。据说，在哥伦比亚这种蚂蚁只产于桑坦德省。当地的印第安人早在西班牙人到达美洲之前就把蚂蚁作为菜肴了。他们制做烤蚂蚁的方法很简单，将蚂蚁放在平底铁锅或陶制锅上烤，当一个

当地人在捉蚂蚁准备加工

比花生米略小一点的蚂蚁被烤好后，便可根据每个人的爱好加放一些佐料食用了。这种烤蚂蚁既香且脆，吃起来余味无穷。当地印第安人还喜欢把蚂蚁同煮熟的木薯等糅合在一起做蚂蚁饼吃，有人认为这种吃法比烤着吃更佳；也有些印第安人喜食生蚂蚁。

正在烤制的蚂蚁

随着人们不断追求饮食营养和讲究摄取营养价值高的食物，蚂蚁的营养价值已被哥伦比亚人所公认。为此，哥伦比亚食用蚂蚁的人越来越多。在首都波哥大，卖油炒蚂蚁的摊贩沿街可见。其他大城市也有出售烤蚂蚁的，许多好奇的外国人也争相购买。

那乃人的“净宅”仪式

位于俄罗斯境内的那乃人与我国的赫哲人原本是同一个民族。按照那

乃人的风俗，房子盖好后，必须举行“净宅”仪式。这种仪式那乃语称“西昆柱绍利圭”，字面意思是“乔迁宴客”。

这种仪式是与那乃人的万物有灵观念联系在一起的。他们认为，房子一盖好，它就不再只是一个建筑物，而是一个有生命的物体。房盖是它的头，支撑房盖的10根柱子是它的腿，而靠近房盖的两个小窗户则是它的眼睛。房子的每个单独部分本身都是神，其中，中央的两根立柱叫“古希柱”。整栋房子有一个总神，即叫做柱科莫（柱意为房子，科莫即幸福）的幸福神。根据那乃人的宗教观念，房子坚固与否不是靠组成房架的4面墙和柱子，而是靠保护房子每个单独部分和包括居民在内的整栋房子的许多“神”。因此，这种“净宅”仪式不仅是为了“乔迁宴客”，而且也是一次隆重的宗教庆典。

俄罗斯那乃人

举行“净宅”仪式时，必须邀请亲族参加，有时也邀请与本氏族有婚姻关系的那个氏族的人。整个仪式通常由老萨满主持。举行仪式前，先在新房的两根古希柱之间置一大案板，摆上用浆果、大米、小米、大豆等做的各种食品，这是由新房主人事先准备好，在仪式期间敬献神灵和招待宾客用的。炕上先垫上干草，再铺一大苇席于干草上，供客人坐卧。此外，在新房的古希柱旁边的一铺炕上，还要供上“柱林”像（祖先神）。在柱林像前面，分别插上10炷香，摆上10个碗和3瓶烧酒。碗内分别盛着各种饭和大豆。在柱林像对面的柱子旁边，再摆上一个插着香的香炉和两盅烧酒。仪式开始，人们分宾主入座。氏族中年龄最大的人坐在供品旁边，老萨满则坐在入口右侧的炕上。其他人分别坐在案子两侧和其他铺炕上。新房的主人先爬上供柱林像的炕，抓起一把米饭，塞进柱林的嘴（更正确地说，是糊上它的嘴），再把每种祭品在柱林脚下的炕上撒一点。然后，他依次走到每根古希柱跟前，单腿脆下，祷告说：“柱神啊，愿你保佑这栋房子牢固，保佑我们生活幸福，不缺吃缺喝，保佑我们没病没灾，保佑我们不碰见‘老爷’。”在这里老爷指的是恶魔。祷告完后，主人走到老萨满跟前，单腿跪下，给他斟上一银盅马林果甜酒。萨满用一个指头蘸酒溅洒两次，然后把酒喝干，亲吻主人的两颊。之后，主人上炕，在萨满身后就座。紧接着，女主人再让一小男孩端着酒，跪着敬给萨满。萨满再次用一个手指蘸酒，向四周溅洒。在这之后，客人才开始宴饮。

那乃人普遍认为，只有经过“净宅”仪式，新房的居民才能受到房神的保护，住得安稳。

北美印第安人的装饰

北美印第安人为了追求美，为了表现勇敢精神，也为了得到神的保佑，极为重视装饰。通常的装饰物为野兽的牙齿、骨头、皮毛以及植物、石块等稍加修饰的自然物。西北部印第安人常用凶猛的灰熊爪作装饰品。他们认为佩带这种装饰就会具有灰熊的威力和胆量。明尼达里部落的人干脆把狼皮披在身上，狼尾拖在背后，中间开洞，套在颈上，狼头悬在胸前。有些印第安人还喜爱唇饰和耳饰，即在嘴唇和耳垂上穿孔，塞以兽牙、兽骨，或木棍以此表示勇敢和忍耐力。

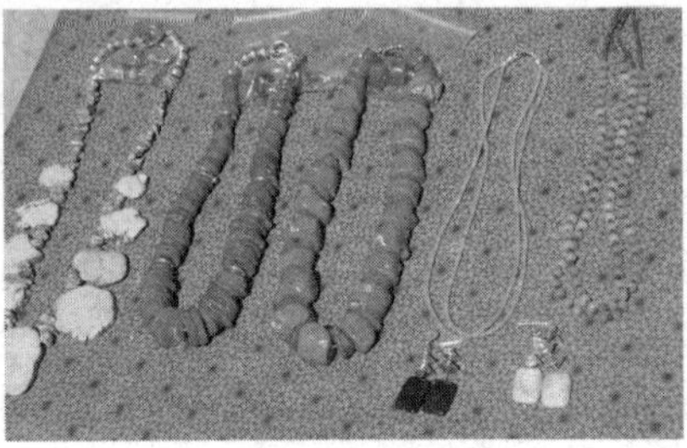

北美印第安人的饰品

北美印第安人还十分重视头发的装饰。他们根据自己所属图腾将发式梳理得具有象征意义。奥马哈部落属于鸟图腾的人，在额头梳一条小辫，象征鸟嘴；在脑后留一束头发，扮作鸟尾；两耳边编出两条辫子，好像鸟翼。海龟部落的人则结出 6 条辫子，把其余头发剃掉，4 条置于左右，为龟脚；1 条伸向额前，为龟头；另外一条拖在脑后，为龟尾。

在举行节庆舞蹈时，北美印第安人最爱戴装饰品。北美印第安各个部落都有自己独特的装饰品和假面具，同时伴以各种颜色涂抹身体和面部。化妆往往模拟图腾动物，相似的装饰和共同的舞蹈加强了部落成员之间的认同。

危地马拉玛雅人的服饰

危地马拉曾经是玛雅人的集中住

地，也是古代玛雅文化中心之一。古城蒂卡尔曾是玛雅文化全盛时期的政治、贸易中心，最能体现当时高度的科学文化和灿烂的艺术成就。现在危地马拉有500多万人口，玛雅印第安人占62%以上。虽然玛雅人在16世纪被西班牙征服，但没有被同化，至今还保留着原有的传统。尤其是他们绚丽多彩的编织物，由于气候因素，织品种类富于变化。大多数布料是用小木棒做的织机手工织成，线是用植物染料染的，没有使用目前的化学合成方法。艳丽的设计图案是手艺人创造的作品。风格迥异的方格图案、圆形图案、花色条纹以及各种栩栩如生的动物图案，保持了传统的玛雅印第安人艺术风格，令人眼花缭乱。蛇和各种花鸟是当地手艺人设计的主要素材，但所有设计图案都建立在玛雅人的古老信仰和对众神奉献的基础之上。不同的部落都有自己传统的图案和花饰，反映着他们的起源或某种宗教的含义。女孩子10来岁时，就要在屋檐下学习织布。

危地马拉民族服装更是富有变化，美观大方。每个村落各有传统款式和色调。从服装上就可以判别此人是哪个地方来的。从发带、服装、腰带、围巾、围裙，一直到包袱皮也各具特色。他们的服装有礼服和家居服之分。妇女的服装有的还加上刺绣。各个村落都以他们特有的服饰为荣。今天，在与墨西哥较近的危地马拉乡镇的集市上，依然能见到从四面八方汇集而来的玛雅人，他们服装式样不同，朴素大方，色彩艳丽。女的戴着头巾，围着长裙；男的戴着竹编礼帽，腰挎着刀。他们背着或者用牛车拉来的农副产品、手工艺品以及土布、服装，在街道两旁临时搭起的帐篷下出售。有的还现做、现织、现卖。在熙熙攘攘的市场一角，有的玛雅人敲起特有的乐器玛林巴（一种落地木琴），年轻的姑娘、小伙子们，随着琴声翩翩起舞，充满着浓郁的民族气息。

巴西亚马孙河上的水上村庄

在巴西，离亚马孙州首府马瑙斯80千米处，有一个座落在河面上的水上树庄，这就是著名的桑塔那村。一间间茅屋，一片片轻舟，一堆堆水草镶嵌在河面上。在蓝天骄阳的映照下，恰似一幅迷人的水乡风景画。村庄以独特的水乡风貌吸引了大量的游客。

亚马孙森林中盛产一种缘心木。它质地坚硬，并耐腐蚀。当地人利用这一特性，把缘心木作原材料，在水中建造房屋。人们按着一定方位，把几根缘心木牢牢地插入水中，然后在离水面不高处铺上木板。最上面架起屋梁，屋顶和周围用棕榈叶覆盖起来。这些别具一格的水上房屋颇为讲究，有卧室、客厅、厨房等。为了防风拦雨，在附近还建起了木围墙。他们常常把几座木屋连成一组，屋之间有小木桥相通。

桑塔那村的村民主要以捕鱼为生，也到森林采集。村民们个个都是划船能手。他们走亲访友，赶集上街，就驾起木船穿行水巷飘然而去。更有趣的是舟船云集、人声鼎沸的水上市场。货船一到，货主把货物摆放在船边，顾客驾船相继而来，穿行于货船之间，在那里选购所需物品。买卖有现金交易，也有以物易物。而在这里最吸引人和最受人欢迎的莫过于“超级市场”。这是巴西一些大公司特制的一种供应船。船上货物齐全，从食品到服装，从日用品到装饰品，应有尽有。每逢“超级市场开业”，

位于巴西的亚马孙河

村民们便乘小舟聚集在大船周围，钻进大货仓争先恐后选购自己喜欢的东西。

准备乘船回家的亚马孙人

在很早以前，亚马孙地区就有行船经商的风俗。亚马孙河及其为数众多的支流成为联接各地的独特通道。商船载着货物，绕过森林，行驶在水上村庄之间。大商人一般在支流河口设有仓库和商店，时常驾驶着平底货船和小汽船在水上村庄内做生意。小本商人常常是乘敞篷木船深入到较偏僻的村落收购橡胶、土特产等，同时也销售一些白酒、面粉、弹药等商品。

森林覆盖、河网密集的亚马孙地区，林业、水利资源极其丰富。这里的淡水占地球表面流水量的1/4。热带森林制造着大量的氧气，素有“地球之肺”之美称。这里风景奇丽、水乡诱人，如今已成了巴西新开辟的旅游区。而亚马孙河上著名的水上村庄——桑塔那村也成了游客必到之地。